कितने यातना शिविर

कितने यातना शिविर

समाज के हाशिये की कहानियाँ

संपादक **संजय कुंदन**

वाम

पहला संस्करण, अक्टूबर 2021

वाम प्रकाशन

2254/2 ए, शादी खामपुर

न्यू रंजीत नगर

नयी दिल्ली – 110008

वाम प्रकाशन और लेफ़्टवर्ड बुक्स नया रास्ता पब्लिशर्स प्रा.लि. की प्रकाशन शाखाएँ हैं।

leftword.com

ISBN 978-93-92017-03-2

Kitne Yatna Shivir:

Samaj Ke Hashiye Ki Kahaniyan

Edited by Sanjay Kundan

सूची

संजय कुंदन

जनतंत्र में पीड़ित जन

ये कहानियाँ भारतीय जनतंत्र के उस 'जन' की कहानियाँ हैं, जिसके साथ हमारा 'तंत्र' पिछले करीब 75 वर्षों से लगातार छल कर रहा है। इस जन को गुलाबी सपने दिखाये जाते हैं, फिर सारे ख़्वाब छीन लिये जाते हैं। उससे तरह-तरह के वादे किये जाते हैं फिर धोखा दिया जाता है। आज़ादी के इतने वर्षों के बाद भी समाज के सबसे कमज़ोर वर्ग की बुनियादी समस्याएँ नहीं सुलझी हैं। विकास के नाम पर बस इतना ही हुआ है कि उसे मुट्ठी भर सस्ता अनाज मिल जाता है कि वह किसी तरह जीवित रह सके। उसे समुचित शिक्षा, स्वास्थ्य और सुरक्षा मयस्सर नहीं है।

आज भी हमारी आबादी का एक बड़ा हिस्सा देश की उत्पादन प्रणाली और गरिमापूर्ण नागरिक जीवन का हिस्सा नहीं बन पाया है। वह समाज के हाशिये पर है। समाज और व्यवस्था का हर अंग उसका शोषण करता है क्योंकि वह कमज़ोर है। न्याय प्रणाली तक उसकी पहुँच आसान नहीं है। उसकी आवाज़ सुनने वाला कोई नहीं है। प्राकृतिक संसाधनों पर सदियों से कायम उसका स्वाभाविक अधिकार भी सुरक्षित नहीं रह गया है। विकास प्रक्रिया की क़ीमत कई बार उसे विस्थापित होकर चुकानी पड़ती है और उसे इसकी भरपाई के लिए सिवाय आश्वासन के कुछ नहीं मिलता। अगर वह अपने प्राकृतिक परिवेश को बरक़रार रखना चाहता है तो उसे विकास विरोधी बताया जाता है। अगर वह प्राकृतिक संसाधनों के अतिरिक्त दोहन पर प्रश्न करता है तो उसे अपराधी ठहराया जाता है और प्रशासन के कोप का शिकार होना पड़ता है।

एक तरह से देखें तो ये कहानियाँ हमारे जनतंत्र की असफलता की कहानियाँ हैं। आख़िर यह कैसा जनतंत्र है, जिसमें एक बड़ा तबक़ा तरक़्क़ी और ख़ुशहाली में भागीदार ही नहीं है। आज एक वर्ग ऐसा भी है, जो अपने ही देश में ख़ुद को अलग-थलग महसूस कर रहा है। उससे उसकी पहचान पूछी जा रही है। वह अपने ही मुल्क में डर-डर कर जी रहा है। जो समुदाय देश के लिए जिये और मरे, जिन्होंने देश की तरक़्क़ी और ख़ुशहाली में भरपूर योगदान दिया, उन्हें बाक़ी समुदायों का दुश्मन बताया जा रहा है।

हमारे महान स्वतंत्रता सेनानियों ने जिन रूढ़ियों और विसंगतियों के ख़िलाफ़ लड़ाई लड़ी थी, जिनसे देश को बचाना चाहा था, वे न सिर्फ़ लौट आयी हैं बल्कि और मज़बूत हो रही हैं। इंसान को बाँटने वाली दलीलें केंद्रीय विमर्श का हिस्सा हो गयी हैं। ये कहानियाँ लोकतंत्र के इन्हीं संकटों की शिनाख़्त करती हैं।

हमने काफ़ी श्रमपूर्वक ऐसी कहानियाँ चुनी हैं, जो सही मायने में आज के उस भारत की तस्वीर हैं, जिसे मीडिया दिखाना पसंद नहीं करता और न ही मध्यवर्गीय समाज इस पर बात करना पसंद करता है।

दुर्भाग्य से हिन्दी साहित्य में भी इसे ढूंढना बहुत आसान नहीं रह गया है। आज की अधिकतर कहानियाँ शहर केंद्रित हैं और मध्यवर्ग के इर्द-गिर्द घूमती हैं। इनमें नॉस्टैल्जिया, स्त्री-पुरुष और अन्य मानवीय संबंधों की कश्मकश ज़्यादा है। शहरीकरण और बाज़ार के दबाव पर भी लिखा जा रहा है। व्यवस्था विरोध की कहानियाँ भी समय-समय पर आती हैं पर अकसर सिस्टम के विद्रूप को दिखाने में अति नाटकीय हो जाती हैं और एक ख़ास ढांचे में फँसकर रह जाती हैं। शहरी जीवन के साधारण चरित्रों को करीब से फोकस करने वाली ऐसी कहानियाँ कम आती हैं जो उन चरित्रों से लगाव पैदा कर दे।

जहाँ तक गाँवों का प्रश्न है, तो आज ग्रामीण पृष्ठभूमि पर कम ही लिखा जा रहा है। कुछ कहानियों में गाँव बस एक ढाँचे के रूप में होता है। उसमें विमर्श या लेखक का अजेंडा इतना हावी रहता है कि गाँव का जीवन और चरित्र पीछे छूट जाते हैं। आज समस्या यह भी है कि कहानियों पर भाषा का दबाव बहुत ज़्यादा रहने लगा है। कथा तत्व पर भाषा सवार हो गयी है। कहानी में कहानीकार की उपस्थिति बहुत ज़्यादा रहने

लगी है। कथाकार कथा के अलावा और बहुत कुछ बताना चाहता है। वह अपनी भाषा के जादू से पाठकों को बाँधने की कोशिश करता है। यही आज हिन्दी कहानी की केंद्रीय प्रविधि होती जा रही है। ऐसी कुछ कहानियाँ तो ठीक लगती हैं पर सभी नहीं। वे प्रायः एकदम बेजान और अति औपचारिक गद्य में तब्दील हो जाती हैं। उनके पात्रों के साथ आत्मीयता नहीं महसूस होती। उनके साथ कोई रिश्ता नहीं बन पाता।

हमें ऐसी कहानियों की तलाश थी, जो भाषाई चमक-दमक से मुक्त हों और आम जनता के संघर्ष को सहजता के साथ आत्मीय ढंग से उभारें। हमें गाँव और जंगल के साथ-साथ शहर के कमज़ोर वर्ग या किसी भी तरह का उत्पीड़न झेल रहे लोगों की कहानियाँ चाहिए थीं। हमें ऐसी कहानियाँ चाहिए थीं, जिनके चरित्रों के साथ हमारा एक जुड़ाव बन जाये। आज एक समस्या यह भी है कि विभिन्न कथा-पत्रिकाओं में या सोशल मीडिया में कथा परिदृश्य की चर्चा कुछ ही नामों तक सिमट कर रह गयी है। इससे उन लेखकों को नुकसान होता है जो तमाम हलचलों से दूर रहकर चुपचाप अपना काम करते हैं। ऐसे कथाकारों की रचनाओं की ओर पाठकों का ध्यान खींचना भी हमारा एक मकसद है।

इन सब बातों के आधार पर हमने ये ग्यारह कहानियाँ चुनीं। इन्हें लिखने वालों में कई तो नियमित कहानीकार हैं भी नहीं। हम हरि मृदुल को एक समर्थ कवि के रूप में जानते हैं लेकिन उनकी *कन्हैया* एक महत्त्वपूर्ण कहानी है, जो आज के सांप्रदायिक माहौल में एक ऐसे ग़रीब मुसलमान की मनःस्थिति को सामने लाती है जो सही मायने में गंगा-जमुनी तहज़ीब का प्रतीक है। इसी तरह यूसुफ किरमानी मूलतः पत्रकार हैं। उनकी कहानी *इंसानी पाबंदियाँ* एक अछूते विषय पर लिखी गयी है। हिन्दी के तमाम लेखक–बौद्धिक कश्मीर को लेकर संवेदनशील हैं, पर हिन्दी में कश्मीर और कश्मीरी पात्रों को लेकर कहानियाँ कम ही लिखी गयी हैं। किरमानी की कहानी सर्दियों में उत्तर भारत में आकर कश्मीरी शॉल और अन्य सामान बेचने वाले लोगों की पीड़ा को मार्मिक ढंग से व्यक्त करती है। यह भी आज के समाज में फैलती नफ़रत की भयावहता को दर्शाती है। वैभव सिंह को हम सब आलोचक के रूप में जानते हैं पर हाल में उन्होंने कई कहानियाँ लिखी हैं। इस संकलन में संकलित उनकी कहानी *मीना बाज़ार* महानगर में रह रहे एक अधेड़ सेल्समैन पर है, जो बदलते वक़्त

के साथ तालमेल नहीं बिठा पा रहा है। जसिंता केरकेट्टा जानी-मानी युवा कवयित्री हैं पर अब वह कथा लेखन के क्षेत्र में भी सक्रिय हैं। उनकी कहानी *क़ब्र की ज़मीन* आदिवासी स्त्री के दुःख, जनजातीय समुदाय की विडंबनाओं और उनके अंतर्विरोधों को मार्मिक ढंग से व्यक्त करती है। कमलेश, वन्दना शुक्ल, राम नगीना मौर्य, नीरज नीर, विजय कुमार तिवारी, आलोक कुमार मिश्रा और डॉ. आयशा आरफ़ीन मूलतः कथाकार हैं। इन सबकी कहानियों में साधारण आदमी है, जो कई स्तरों पर शोषण झेल रहा है। लेकिन इन कहानियों में केवल हाहाकार और रुदन नहीं है, निराशा के बीच संघर्ष की ऊष्मा भी है। उम्मीद का आलोक भी है। कमज़ोर इंसान भारी दुःख-तकलीफ़ में भी हार नहीं रहा। वह अपने तरीक़े से प्रतिरोध भी कर रहा है। कमलेश की कहानी *खिड़की* में एक आदिवासी युवक के सामने मुख़बिर बनने और अपने लिए सहूलियतें हासिल करने का प्रस्ताव पुलिस की तरफ़ से आता है तो वह इनकार कर देता है। वह उत्पीड़न सहता है पर ग़द्दारी नहीं करता। इसी तरह वन्दना शुक्ल की कहानी *गुलाबी राशन कार्ड* में एक ग़रीब आदिवासी महिला अपने तरीक़े से राजसत्ता का विरोध करती है। राम नगीना मौर्य की कहानी *यात्रीगण कृपया ध्यान दें* एक ऐसे युवक को सामने लाती है, जो एक एसिड पीड़िता को अपनी पत्नी के रूप में स्वीकार करता है और उसे भरपूर स्नेह व सम्मान देता है। युवा कथाकार आलोक कुमार मिश्रा की कहानी दूध *की जाति* जातिवाद की गिरफ़्त में फँसे ग्रामीण समाज की विडंबनाओं को उजागर करती है। कथित उच्च जातियाँ अपना स्वार्थ सिद्ध करने के लिए दलित जातियों का इस्तेमाल करती हैं लेकिन दलितों के संकट में उनका साथ नहीं देतीं। विजय कुमार तिवारी की कहानी *उतरता हुआ पानी* पारिवारिक रिश्तों में उतार-चढ़ाव को दर्ज करती है और बाढ़ जैसे संकट की विभीषिका को भी दर्शाती है। नीरज नीर की कहानी *कोयला चोर* में एक ग़रीब युवक अपने परिवार के भरण-पोषण के लिए कोयला चुराकर बेचने को बाध्य होता है। कोयला चोरी का बाक़ायदा एक सिस्टम बना हुआ है, जिसमें व्यवस्था के सभी अंग शामिल हैं। डॉ. आयशा आरफ़ीन की *लकड़ी का घोड़ा* में एक ऐसे संपन्न कारोबारी की कथा है जो प्रेम के कारण ग़रीब हो जाता है।

हमारी भरसक कोशिश के बावजूद निश्चय ही कई अच्छी कहानियाँ छूट गयी

होंगी। हम इसके आज के प्रतिनिधि कहानी संकलन होने का दावा नहीं करते मगर इतना यक़ीन है कि ये कहानियाँ अपने समय को समझने, व्यवस्था के संकटों को पहचानने में मदद करेंगी तथा समाज के हाशिये पर रह रहे वर्गों के प्रति संवेदना जगाने में ज़रूर कामयाब होंगी।

जसिंता केरकेट्टा

क़ब्र की ज़मीन

खूब अँधेरा। रात अचानक मेरे पेट में तेज़ दर्द उठा। मैं पेट में बच्चा लेकर दिन भर लकड़ी काटती, जंगल जाती, पानी ढोती, धान धुंकती। ऐसा दर्द नहीं उठा पहले। मैंने बिस्तर पर अपने मरद को टटोला। वह नहीं था वहाँ। मैं समझ गयी दारू पीकर पड़ा होगा कहीं, किसी गाँव में। मेरी आवाज़ सुनकर सास डिबरी लेकर कमरे में आयी।

'पियो-पियो का होलक?'

'आयो! खूब ज़ोर बाथाते, छउयवा जल्दीये होयक वाला आहे लागाथे।'

'एखन तो साते महीना होई हे।' माँ कहने लगी।

मेरी बूढ़ी सास अँधेरे में गाँव के एक-एक घर का दरवाज़ा खटखटाने लगी। कोई गाड़ी-घोड़ा नहीं आधी रात को। सड़क भी गाँव से बहुत दूर। अस्पताल पहुँचना आसान नहीं। आजकल दाई भी गाँव से ग़ायब हो गयी हैं। बच्चा जनने अस्पताल ही ले जाना है। अस्पताल में पैसे मिलते हैं इसलिए अब ज़रूरत के समय गाँव में कोई दाई नहीं मिलती। बाहर आँधी-धुका अलग से परेशान कर रहा। किसी तरह एक साइकिल मिली। मुझे जैसे-तैसे साइकिल पर लादा गया। साइकिल अँधेरे में चलने लगी खड़ ... खड़ ... खड़।

'डहर बहुत ख़राब आहे दई।' साइकिल चलाते हुए पड़ोसी का बेटा बिरसा कहता रहा। मुरूम की कच्ची सड़क पर कुछ साल पहले ही मिट्टी और बड़े-बड़े पत्थर गिराये गये थे, प्रधानमंत्री ग्रामीण सड़क निर्माण योजना के तहत। मगर साल दर साल बीत

रहा, अलकतरा अब तक नहीं चढ़ा। अब बरसात में पत्थर नुकीले हो उठे हैं। जैसे-तैसे साइकिल से टाँग-टूँग के अस्पताल पहुँचायी गयी मैं। एक बार तो डर लगा कहीं रास्ते में ही बच्चे को जन्म न दे दूँ। दूसरी साइकिल से माँ भी पीछे-पीछे अस्पताल पहुँची।

दूसरे दिन नर्स पूछने लगी, 'इसके साथ और कौन आया है? इसका मरद नहीं आया? माँ सकुचाते हुए बोली, 'बेटे की तबीयत ठीक नहीं है। इसलिए वह नहीं आ सका।'

बिस्तर पर लेटे-लेटे मैंने माँ को देखा। सोचती रही, तीन साल में यह तीसरा बच्चा है। इस बार भी लड़का है। घर में सबको लड़की चाहिए। इसी इंतज़ार में लड़के पर लड़का पैदा किये जा रही हूँ। इस बार भी लड़की नहीं हुई। माँ ने प्यार से लड़के को गोद में उठाया। पलट कर मेरी ओर देखा और बोली, 'ई बेरा हों छोड़ा छउवा होई आहे। लागेला आवेक बेरा छोड़ी हुवी। तेतरी बेटी हुवी।' तीन बेटों के बाद अगर कोई लड़की हुई तो गाँव वाले उसे भाग्यशाली मानते हैं। मगर थोड़ी ही देर में सबकी ख़ुशी को जैसे ग्रहण लग गया। बच्चे को थैलेसीमिया की बीमारी है, डॉक्टर ने कहा। जैसे-जैसे बच्चा बढ़ेगा इसे अलग से ख़ून चढ़ाना होगा। इसकी देह में ख़ून बनाने की क्षमता कम है। इसके शरीर में रोगों से लड़ने की ताक़त नहीं है। हल्का सर्दी-ज़ुकाम भी इसकी जान ले सकता है। अभी बचा भी लिया जाए, तब भी बढ़ती उम्र में कभी भी इसकी जान जा सकती है। माँ ने डॉक्टर की बात काटते हुए कहा, 'तो हमरे का करब? छउवा के तो नी फेकब कचड़ा-गढ़ा में? हमरे इकर लगिन ख़ून माँगब गोटा गाँव से। ख़ून देवब। छउवा के बचाए लेवब।'

गाँव लौटी तो काकी कहने लगी कि फगुवा का नशा जब सुबह फटा तो वह घर के दरवाज़े पर सिक्कड़ चढ़ा देख कुनमुना रहा था। गोंदराते हुए कह रहा था, 'एक मिनट मोंय घरे नी रहबूं तो इ मन गायबे हुई जाएना। सेहेले मार खाएंना।' वह पड़ोस में जाकर पूछता रहा, 'पियो और आयो कहां चईल जाय आहंय?' पड़ोस के घर से काकी ताना मारते हुए बोली, 'ई छोड़ा के देखा, जनी केर छउवा होवाथे अउर ई दूरा-दूरा खोजा थे। होश नाखे कि अपन छउवा होवेक वाला आहे। देखा तो ...। कहां जबाएं रे। अस्पताल जाएं हैं।'

फगुवा मुँह बनाकर घर लौटा और हमारे वापस आने का इंतज़ार करने लगा।

लड़की हुई होगी या लड़का, यही सोचता रहा सारा दिन। माँ और मैं बच्चे को लेकर गाँव आये। हमारे आते ही वह दौड़कर आया यह जानने के लिए कि लड़का हुआ है या लड़की। पता चला इस बार भी लड़का जन्मा है। सुनकर फगुवा का मुँह लटक गया। लड़की का इंतज़ार सबको था घर पर।

लगातार एक के बाद एक बच्चा पैदा करने से मैं और कमज़ोर दिखने लगी। बच्चे के लिए स्तन में दूध नहीं आ रहा है। कमज़ोर देह के साथ फिर से खेती-बारी, जंगल-काठी कर रही हूँ। फगुवा ने मैट्रिक पास की थी। अच्छी सरकारी नौकरी के इंतज़ार में जीवन भर कोई छोटा-मोटा काम नहीं किया। सोचता रहा पिताजी पैरवी से कहीं न कहीं कोई न कोई नौकरी लगवा देंगे। इसी भ्रम में रह गया। जब पिताजी ने नौकरी बीच में ही छोड़-छाड़ दी तो उसका माथा ठनका। फगुवा ने सोचा, अब नौकरी मिलने से रही। कभी कोई खरका नहीं उठाया। कुछ दिन झक मारकर मज़दूरी की कहीं। मन नहीं लगा तो घर में आकर पड़ गया।

माँ सब्ज़ी बेचती। घर की औरतें दूसरों के खेतों में काम करती। फगुवा उनके पैसे पर घर-बैठकर खाता। पैसे हमसे छीनकर पीने चला जाता। पीकर आता और रात मुझे दम भरकर मारता। माँ को भी नहीं छोड़ता। पिताजी का सारा गुस्सा माँ पर उतारता। पिताजी कई बार घर से भाग जाते। शहर में ही कहीं जाकर रहने लगते। हाथ-पैर जब जवाब देने लगा तो आकर गाँव में वे भी पड़ गये। इस बीच जब भी फगुवा पीकर आता पिताजी भी उससे धुमड़ मार खाते। मगर अब कहीं भागते नहीं। पड़े रहते वहीं एक कोने में हाथ-पैर तुड़वाकर। माँ अपने कमाये पैसे से उनका इलाज करवाती। घर के मर्दों ने तो उनका और अब मेरा भी जीवन नरक बनाकर रख दिया है। मगर पता नहीं क्यों माँ कभी घर छोड़कर भागी नहीं। बेटे, पति और घर की इज़्ज़त बचाते-बचाते बूढी हो गयी। कभी-कभी उस पर मुझे तरस आता है और गुस्सा भी।

बच्चे को ठीक से दूध नहीं मिल रहा है। वह बीमार पड़ने लगा है बार-बार। माँ बच्चा लेकर पास के शहर में गयी। छोटे शहर में इलाज संभव नहीं है, बताया गया। उसे बड़े शहर जाने की सलाह मिली। वह इस शहर से उस शहर डॉक्टर का चक्कर काटने लगी। दूसरे शहर में डॉक्टर ने बताया, 'बच्चे को ख़ून चढ़ाना होगा। हर तीन माह पर ख़ून चढ़ाना ज़रूरी है नहीं तो वह नहीं बचेगा।' फगुवा पियक्कड़ तो था लेकिन

बच्चे से मोह तो था ही। समय-समय पर वह शहर जाकर अस्पताल में बच्चे को ख़ून दे आता। बच्चा तीन माह तक हँसता-खेलता। फिर जैसे-जैसे दिन पूरा होता मुरझाने लगता। बीमार पड़ने लगता। चलते-चलते लुढ़क जाता। बेहोश होने लगता। इसी तरह कहीं न कहीं से ख़ून जुगाड़ करते-करते दो साल हो गये।

एक साल में मैं फिर पेट से हूँ। इस बार पूरे परिवार को उम्मीद है कि लड़की ही होगी। बड़ा बच्चा दौड़ता है, उससे छोटा चलता है, उससे छोटा लुढ़कता है और एक बच्चा अभी पेट में है। इस पर भी फगुवा का पीना नहीं रुका। पीने के बाद फगुवा होश में नहीं रहता। कई बार पीकर लड़ते वक़्त उसने मेरे पेट पर लात मारी है। कई दिनों तक मैं बीमार भी रही हूँ। धीरे-धीरे मैंने भी उसे पीटना शुरू कर दिया। मैं देखती हूं एक-दो परिवार को छोड़ पूरे गाँव में सबके परिवार में स्त्रियाँ मार खाती हैं, गाली सुनती हैं। किसी ने भी मार घुराने का साहस नहीं किया अपने मरद को। इसलिए जल्द ही मैं पूरे गाँव में बदनाम हो गयी। अब फगुवा गाँव-गाँव में कहता फिरता है, 'दूसर मरद कईर के रईख हे। सेहेले अपन मरद पर हाथ छोड़ेला।' मेरे चरित्र को लेकर गाँव-घर में मुझे बदनाम करने लगा। अब सास और ससुर भी उलटे मुझे ही खूब खरी-खोटी सुनाने लगे। फिर धीरे-धीरे पूरा गाँव। मैं सोचती, सास अपने बेटे से जब मार खाती है तब कभी उसका प्रतिकार नहीं करती। अपने पति की भी गालियाँ सुनती रही जीवन भर, कभी उसका विरोध नहीं किया। आज जब मैंने अपने पति को पीटा तो वह अपने बेटे और पति का पक्ष ले रही है। अब घर में सास-ससुर भी मुझे गरियाते। इस घर में जैसे मेरा कोई नहीं है।

* * *

फगुवा के देह से अब बच्चे के लिए और ख़ून नहीं लिया जा सकता। डॉक्टर ने कह दिया है। मैं बहुत घबरायी।

'पी-पीकर के अपन देह के हड्डी बनाएं देई हे। ख़ून कहां से रही?' मैं फगुवा को देखकर बड़बड़ायी। माँ सबसे ज़्यादा परेशान है। उसे मुझसे उतना लगाव नहीं है लेकिन पोतों से बहुत प्रेम है। बच्चे भी दादी से अधिक जुड़े हुए हैं। एक दिन शाम से

ही बच्चे की तबीयत बिगड़ने लगी। मैंने माँ को बताया। वह फिर परेशान इधर-उधर दौड़ने लगी। सब्ज़ी बेचकर जो हाथ में पैसे थे वे हजार-पाँच सौ के नोट थे। जो खुचरा था, वो तो तेल-साबुन में ख़र्च हो चुका था। अब हजार-पाँच सौ के नोट बंद हो गये हैं, गाँव वाले ऐसा कह रहे थे। सरकार ने सारे पैसे बैंक में जमा करने को कहा है। गाँव से शहर पहुँचना और बैंकों में दिन भर लाइन बनाना। ऐसे में आदमी कमायेगा कब, खायेगा कब? इसलिए रुपये नहीं बदले जा सके थे। गाँव में किसी के पास और पैसे नहीं थे। मोबाइल नहीं। शहर से ऑटो बुलाने में बहुत टाइम लग जाएगा। साइकिल से ही अस्पताल पहुँचा जा सकता है। फिर किसी की साइकिल माँगी गयी। जैसे-तैसे बच्चे को गोद में लेकर माँ साइकिल पर बैठ गयी। मैं दूसरी साइकिल पर बैठ पीछे-पीछे चल रही थी। वही पथरीला रास्ता। अँधेरा। साइकिल चलने लगी खड़-खड़-खड़। रास्ते में बच्चे ने अपना माथा एक ओर लुढ़का दिया। माँ चिल्लाने लगी, 'ई तो मुड़ी के झुलाए देलक रे। सिराए गेलक रे छउवा तो। नी बचलक ... नी बचलक ...।' कहते-कहते वह रोने लगी।

रोते हुए उसी तरह अँधेरे में हम बीच रास्ते से गाँव वापस लौट आये। मरे हुए बच्चे को गोद में लेकर मैंने हजार-पाँच सौ के नोट को नफ़रत से देखा। जैसे वह मेरे लिए मनहूस बन चुका हो। पैसे रहते हुए बच्चा न बच सका। अस्पताल न पहुँच सका। ख़ून न चढ़ सका। गाँव से शहर की दूरी और उबड़-खाबड़ रास्तों के बीच उसकी जान चली गयी।

* * *

बच्चा मर चुका है। आँगन में उसकी लाश कपड़े में लिपटी हुई रखी गयी है। गाँव में सरना आदिवासी, जो ईसाई हो चुके थे, कहने लगे, 'इतवार-इतवार तोहर घर से कोई गिरजा नी जावएना। ऐहे लगिन हमरे क़ब्रिस्तान में छउवा के गाड़ेक नी देवब।' मैं और माँ गाँव वालों से लड़ने लगीं।

'मोरल छउवा के लई के कहां गाड़ेक जाब? कैसन जगह नी देबा तोहरे मन?'

बात बढ़ने लगी। किसी ने कहा, 'तोहरे मन तो सौसार होई जाएहा। जावा सौंसार मन से जगह माँगा।'

ऐसे ही बहुत देर तक बच्चे को गाड़ने के लिए जगह को लेकर झगड़ा होने लगा। गाँव के आधे ईसाई हो चुके आदिवासियों को लगता था कि चूँकि मैं और मेरा परिवार नियमित रूप से हर इतवार को चर्च नहीं जाते, इसलिए हमें क़ब्रिस्तान में जगह नहीं मिलनी चाहिए। कुछ लोगों का कहना था कि हमें सरना आदिवासियों से बच्चे को दफ़नाने के लिए जगह माँगनी चाहिए। मैं सोचने लगी। माँ बहुत भोरे ही उठकर बड़े शहर सब्ज़ी बेचने जाती है। मैं घर सँभालती हूं और दूसरों की खेतों में काम करने निकल जाती हूं। गिरजा जाने के चक्कर में हमारी एक दिन की कमाई मार खाती है। कमायेंगे नहीं तो घर में चूल्हा तक नहीं जलेगा। उस पर गाँव-गिरजा में भी बीच-बीच में कुछ न कुछ चंदा-फंदा जमा करना होता है। पति निठल्ला बैठा रहता है। पीकर आता है। मारता-पीटता है। पैसा छीनकर ले जाता है। गाँव का एक भी ईसाई आदिवासी परिवार सामने नहीं आता जो हमें बचा सके। कभी नहीं सोचा स्त्रियों पर बढ़ती घरेलू हिंसा रोकने के लिए गाँव में कोई बैठक करे। सब अपने-अपने घर में दुबके रहते हैं। प्रार्थना करते रहते हैं। मगर गाँव-घर की दशा आज भी वही है। और आज बच्चे की लाश सामने पड़ी है तो बित्ता भर ज़मीन के लिए एक लाश का धर्म पूछ रहे हैं लोग।

बात बढ़ने लगी तो बीच-बचाव करते हुए एक सरना आदिवासी ने कहा, ' ठीक आहे ई घर से गिरजा नी जावेक पारएना। लेकिन एखन छउवा के गांवेक क़ब्रिस्तान में ही गाड़ेक देवा। गाँव-घर के आदमी के मिल-बईठ के तो गुठियाक हुई जून। एइसन लड़ेक से का होवी?' कुछ देर बाद लोग शांत हुए। कुछ ईसाई आदिवासियों ने कहा, 'एइसन काम नी चली। ई मन के दंड भरेक हुई। जेतना साल से गिरजा नी जाएं हैं सोब केर चंदा जमा करेक हुई।'

इस बात पर सहमति होने पर बच्चे को दफ़नाया गया। दफ़नाने वाले लोग नदी में नहाकर लौटे। वे सारे लोग जो कुछ देर पहले बच्चे के दफ़न पर बहस कर रहे थे और खूब लड़ रहे थे, बच्चे के नाम पर मिल रहे भोजन पर टूट पड़े। दारू और हड़िया

पीकर मदमस्त हुए। मैंने देखा, किस तरह पूरा गाँव धर्म के नाम पर चार फाड़ में बँट गया है। घर के लोग ही चार हिस्सों में बँट गये हैं। क्या धार्मिक लोग ऐसे ही निभाते हैं अपना धर्म ...? धर्म बदलते ही क्या इंसानियत भी ऐसे ही बदल जाती है? आदिवासी मूल्य और पुरखा ज्ञान भी मर गया है क्या? एक दूसरे को विपत्ति में मदद करने वाली सोच अब कहाँ गयी? क़ब्र पर कैसे धर्म का क़ब्ज़ा है। मृत्यु के बाद क़ब्र की ज़मीन न मिलेगी इसलिए लोग धर्म से चिपके रहते हैं। इससे भी मुक्ति कहाँ है? मेरे बच्चे की लाश से उसका धर्म पूछते लोग अब खाने-पीने में व्यस्त थे। मैं उन्हें चुपचाप देख रही थी। देख रही थी समय और समाज कैसे बदल रहा है।

'मुरुक बेस तियन ...। सोब ठीक होई। तोहरे गिरजा जावेक शुरू करा ...।' कहते हुए सब खा-पीकर उठे और अँधेरे में लड़खड़ाते हुए अपने-अपने घर की ओर चल दिये।

कमलेश

खिड़की

उसे जहाँ रखा गया था वहाँ से ठीक ऊपर एक छोटी सी खिड़की थी, जिससे छनकर आती नीम रोशनी से भीतर का अँधेरा कम हो रहा था। कभी-कभी उस खिड़की से हवा का झोंका धीमी गति से आता और अंदर भरी हुई अजीब सी गंध को कम कर देता। जाहिर है उस खिड़की से थाने के बाहर का दृश्य भी दिखाई पड़ता ही होगा। वह पिछले कई घंटों से उस छोटी सी खिड़की की तरफ़ उम्मीद भरी निगाहों से देख रहा था। हालाँकि वह जिस स्थिति में बैठा था उसमें उचक कर खिड़की के बाहर देखना निहायत ही मुश्किल काम था। उसे एक छोटी सी जगह में पाँच लोगों के साथ रखा गया था। इसमें बैठने की भी जगह बहुत मुश्किल से बनानी पड़ी थी। यही नहीं लात-घूँसों के साथ-साथ लाठियों से हुई पिटाई ने पूरी देह को हिलने लायक भी नहीं छोड़ा था। लेकिन जब बीती रात सिपाही ने उसके हाथ और पाँव की रस्सी खोली तभी उसने तय कर लिया कि वह किसी तरह खिड़की के बाहर देखेगा।

अहले सुबह जब आकाश में लाली छाने वाली थी उसने आसपास देखा। सभी गहरी नींद में थे। दरवाजे पर पहरा दे रहा सिपाही अचानक कहीं ग़ायब हो चुका था तो अंदर कुर्सी पर बैठा दारोग़ा अपने दोनों पाँवों को टेबुल पर फेंक कर नाक से सीटी बजा रहा था। पास में बंदी बनाकर रखे गये उसके जैसे लोग भी लुढ़के पड़े थे। उसने सोचा – यही मौक़ा है। एकदम संकरी सी जगह में बड़ी सावधानी से उसने दोनों पाँवों को मोड़ा और उनके बल बैठ गया। इसके बाद उसने अपने दोनों पाँवों के पंजों को सख़्त किया और उन पर अपने पूरे शरीर का बोझ डाला। एक लंबी साँस भरते हुए

उसने अपने दोनों हाथों को तानकर ऊपर की ओर खींचा और उसी तरह उछाल भरने की कोशिश की जैसे वह अक्सर खरगोश को पकड़ने के लिए भरता था। खिड़की का निचला हिस्सा दोनों हाथों की पकड़ में आया और उसने पाँव के पंजों को ढीला छोड़कर हाथ के पंजों पर पूरा बोझ डाल दिया। इसके बाद पूरी ताक़त लगायी और थोड़ी ही देर के बाद उसकी गर्दन से ऊपर का हिस्सा खिड़की की जाली के करीब था।

ताजा हवा का झोंका उसने अपने चेहरे पर महसूस किया। दर्द का अहसास थोड़ा कम हुआ। उसने अपनी नज़रें चारों तरफ़ घुमायीं। बाहर जो दिखायी पड़ा उससे उसे ज़रा भी हैरत नहीं हुई। वह अच्छी तरह जानता था कि वह आसपास ही कहीं पड़ी होगी। ऐसी जगह पर जहाँ से थाना साफ़-साफ़ दिखायी पड़े। इस हल्की रोशनी में भी वह उसे पहचान गया। वह किसी गठरी की तरह मुड़ी-तुड़ी सी बैठी थी। वही लाल पार वाली साड़ी पहने जो उसने सोहराई के दिन पहना था। इस साड़ी को पहन कर उसके साथ वह कितना नाची थी। गाना भी गाया था।

वह कुछ और देर तक उसे देखता लेकिन जल्दी ही उसके ज़ख़्मी हाथों ने उसका बोझ खींचने से इनकार कर दिया और वह धम्म से नीचे गिर पड़ा। उसके ठीक बगल में सोये दूसरे क़ैदी ने अचकचा कर उसे देखा, मुस्कुराया और फिर तुरत गहरी नींद में सो गया।

जिस थाने में उसे बंद किया गया था, उसके ठीक पीछे एक पतली सी नहर थी। नहर के किनारे एक घना सा इमली का पेड़ था। उसी पेड़ के नीचे उसे देखा था। तब वह किसी परछाई की तरह दिखायी पड़ी थी। वह ज़रूर थाने की तरफ़ देख रही होगी – उसने सोचा। नहीं-नहीं। वह इसी खिड़की की तरफ़ देख रही होगी। उसे उम्मीद होगी कि वह कभी न कभी इस खिड़की से ज़रूर झाँकेगा और वह उसका चेहरा देख पायेगी। उस पेड़ के नीचे उसके पड़े होने का मतलब यह कि वह भी पिछले एक दिन और एक रात से यहीं पड़ी है। उसने कुछ खाया-पीया भी नहीं होगा। अगर संभव होता और वह उसकी आवाज़ सुन सकती तो वह ज़ोर से चिल्लाकर उसे घर जाने के लिए कहता लेकिन वह जानता है कि एक तो उसकी आवाज़ वहाँ तक नहीं पहुँचेगी और अगर पहुँच भी जाए तो वह वहाँ से हिलने वाली नहीं।

उसकी आदत से वह अच्छी तरह वाक़िफ़ है। वह जिसे प्यार करती है उसे मरते

दम तक नहीं छोड़ सकती। चाहे वह सुभरन मुंडा हो या उसकी बकरी। उसे याद आयी पिछले साल जेठ के बाद हुई पहली बरसात। रात भर जमकर मेह बरसा था। वह अहले सुबह जंगल में शिकार के लिए निकला। रात भर बरसात हुई हो तो सुबह में छोटे-मोटे शिकार के लिए ज़्यादा भटकना नहीं पड़ता। लेकिन उस दिन खरगोश तो दूर किसी चिड़िया का भी पता नहीं था। मन मारकर उसने अपने तीर-धनुष को एक तरफ़ रखकर थोड़ा सुस्ताना चाहा तभी वह दिखी। एक गहरी खाई के किनारे। साल के एक पेड़ के नीचे बैठी हुई। उसकी बड़ी-बड़ी आँखों से आँसू गिर रहे थे और वह एकटक खाई की ओर देखे जा रही थी। गहरा साँवला रंग, भरी-पूरी देह, लंबे बाल और इन बालों में चारों तरफ़ से लगे क्लिप। चेहरे पर गोदना के दाग और मोटे होंठ। घुटनों तक चढ़ी साड़ी और बरसात के बाद बहने वाली हवा से बार-बार सिहरती उसकी देह। सुभरन पर जादू सा हुआ और वह जैसे किसी मंत्र से बँधे साँप की तरह उसके पास पहुँचा। उसके कदमों की आहट से वह घूमी और भरपूर नजरों से उसे देखा। उसकी आँखें किसी गाय की आँखों की तरह थी। भरी-भरी और डूबी-डूबी सी। सुभरन को देखते ही फूट-फूट कर रोने लगी। रोते-रोते अचानक खड़ी हुई और किसी छोटी बच्ची की तरह उसके कंधे से सट गयी। सुभरन की तो मानो पूरी देह सन-सन करने लगी। बगैर पूछे उसने बताया कि उसका नाम कुसुमा है और वह मरांगबुरु के पास के गाँव में रहती है। कल केंदू पत्ता जमा करने के बाद शाम में वह जल्दी-जल्दी घर जा रही थी तभी बरसात शुरू हो गयी। बरसात के कारण खाई के किनारे फिसलन हो गयी थी और उसकी इकलौती बकरी फिसलती हुई खाई के नीचे चली गयी। रात भर वह नीचे मिमियाती रही और कुसुमा खाई के किनारे बैठी देवता गोहराती रही कि किसी तरह उसकी बकरी खाई से निकल आये।

ज़ोर से हँसा सुभरन। एक बकरी के लिए बरसात में रात भर जंगल में बैठी रही। औरत है कि पागल। वो तो अच्छा हुआ कि कोई ख़तरनाक जानवर इधर नहीं आया, नहीं तो ...। बकरी के मोह में इस औरत को भूत-प्रेत का भी डर नहीं लगा। ग़ज़ब है। उसने अपने तीर-धनुष उसे पकड़ाये और किसी जानवर की तरह फिसलते हुए खाई के नीचे जा पहुँचा। बचपन से उसे इस काम में महारत हासिल है। उसके दादा तो खाई में उतरते हुए ही मरे थे। उसके बाप को तो आसपास के पाँच गाँवों के लोग जानते थे।

खाई में उतरना-चढ़ना उनके बायें हाथ का खेल था। उनकी भी लाश एक दिन खाई के ही किनारे मिली थी। अब उसे भी खाई में उतरना-चढ़ना किसी खेल की तरह ही लगता था। न उतरते देर लगी और ना ही चढ़ते। थोड़ी ही देर में सुभरन अपने कंधे पर बकरी को लादे खाई से बाहर निकल आया। कीचड़ और गंदगी से सना हुआ। कुसुमा तो उसे ऐसे देख रही थी जैसे सामने भूत खड़ा हो। सुभरन के कंधे से बकरी को उतारते हुए वह उससे ऐसी सटी कि फिर अलग होने का नाम ही नहीं लिया। सुभरन के आगे-पीछे कोई नहीं था तो कुसुमा तो अपने बाप के लिए बोझ ही थी। कुछ ही दिनों के बाद कुसुमा सुभरन के घर रहने के लिए चली आयी।

पुलिस जब सुभरन को गाँव से उठाकर लायी थी तो वह भी पीछे-पीछे दौड़ती आयी। पुलिस सुभरन को जीप पर लादकर लायी और वह जंगल-झाड़ियों को पैदल पार करते हुए पहुँची। गाँव से बारह कोस दूर है थाना। इतनी दूर पैदल दौड़ी कुसुमा। और अब बगैर कुछ खाये-पीये उस इमली के पेड़ के नीचे पटुआकर पड़ी है। थाने में सिपाहियों ने घुसने नहीं दिया तो पीछे के नहर के किनारे चली गयी। पगली है। उसे यह भी नहीं पता कि पुलिस एक बार किसी को पकड़ ले तो जल्दी छोड़ती नहीं है। कुसुमा के मिलने के पहले वह एक बार और पुलिस की मार खा चुका है। तब पुलिस ने उसे कई लोगों के साथ जेल भी भेज दिया लेकिन कुछ दिन के बाद वह बाहर आ गया था। उसने सुना उन लोगों के जेल जाने के बाद रांची में जमकर हंगामा हुआ और इसके बाद पुलिस को उन्हें छोड़ना पड़ा।

परसों रात उसके गाँव में घुसी थी पुलिस। चुपचाप एकदम काले चोर की तरह। तब सुबह होने में घंटा-दो घंटा की देरी थी। गाँव के लोगों को पता था कि आज नहीं तो कल पुलिस गाँव में धावा मारेगी। आख़िर गाँव के आसपास किसी कंपनी का काम चल रहा हो और उसकी मशीनों में कोई आग लगा दे तो गाँव के लोगों की शामत आ ही जाती है। उसके गाँव के ठीक बगल में एक कंपनी का काम चल रहा है। खुदाई का काम है। कंपनी यहां से तांबा निकालने वाली है। कंपनी के आदमी पेड़ काटते हैं तो उधर से गुजरने वाली महिलाओं को छेड़ते भी हैं। इसको लेकर कई बार कंपनी के लोगों और गाँव वालों के बीच झगड़ा हो चुका है। लेकिन हर बार पुलिस गाँव वालों को डरा-धमका कर चली जाती थी। लेकिन इस बार तीन दिन पहले पता नहीं कहाँ

से कुछ लोग आये और कंपनी की मशीनों में आग लगाकर चले गये। इस घटना से गाँव के लोगों का कितना संबंध था यह तो ख़ुद उन्हें भी पता नहीं था। लेकिन गाँव वाले डर गये। उन्हें पक्का पता था कि इल्ज़ाम उनके माथे पर आयेगा और पुलिस उनके साथ मारपीट करेगी। घटना के अगले ही दिन गाँव के सभी मर्द जंगल में चले गये। गाँव में केवल महिलाएँ बच गयीं। लेकिन सुभरन बेचारा, प्रेम का मारा। दूसरों के साथ गया तो वह भी जंगल में था लेकिन शाम होते ही वापस अपनी झोंपड़ी में पहुँच गया। एक रात भी कुसुमा से अलग नहीं सो सकता। उसी रात जब वह कुसुमा की बाँहों में पूरी दीन-दुनिया से बेपरवाह सोया था, तो अचानक ज़ोर की आवाज़ हुई। जब जगा तो जैसे पूरा माहौल ही बदला हुआ था। झोंपड़ी का दरवाजा उखड़कर दूर जा गिरा था और उसके चारों तरफ़ पुलिस वाले खड़े थे। एक पुलिसवाले ने उसे बिस्तर से खींचकर उठाया और उसके पेट में ज़ोर की लात मारी। उसे लगा किसी ने उसके पेट में पूरा बाँस घोंप दिया हो। उसने चिल्लाने की कोशिश की लेकिन मुँह से आवाज़ तक नहीं निकली। जब तक वह इस दर्द से उबर पाता उसे घेरे पुलिसवाले उस पर लात और घूँसों की बरसात करने लगे। इसके बाद डंडों से पिटाई की बारी आयी। कोई पुलिसवाला उससे कुछ पूछ नहीं रहा था। बस डंडे बरसाये जा रहा था। पहले तो उसने इधर-उधर भागने की कोशिश की लेकिन कुछ ही देर बाद वह पूरी तरह बेसुध होकर गिर गया। कुसुमा ज़ोर-ज़ोर से रोती-चिल्लाती रही। कोई उसकी आवाज़ सुनने वाला नहीं था। पुलिस ने उसे किसी ढोर-डांगर की तरह जीप के पीछे डाला और थाना में लेकर चली आयी।

सुबह के बाद से अब तक वह चार बार उछलकर खिड़की से बाहर उसे देख चुका था। वह एकटक खिड़की की तरफ़ देखे जा रही थी। हो सकता है उसने सिपाहियों के आगे एक बार मिला देने की गुहार भी लगायी हो। लेकिन उसकी बात यहाँ कौन सुनता है। उसे बार-बार खिड़की के बाहर देखने का प्रयास करते उसके बगल में पड़े क़ैदी ने देखा और मुस्कुराया, 'बार-बार बाहर देखोगे तो और कष्ट होगा। अंदर का माहौल देखोगे तो कष्ट कम हो जाएगा।'

सुभरन मुंडा ने चेहरा उठाया और सामने कुर्सी पर बैठे दारोग़ा की ओर देखा। दारोग़ा लगभग 40-45 साल का होगा। लंबा-चौड़ा और निकला हुआ पेट। उसका

चेहरा देखते ही उसे अपने गाँव में कही जाने वाली कहावत याद आयी – दिकू मेद चि सेता मेद (दिकुओं की नज़र और कुत्ते की आँख एक जैसी होती है)। उस रात इसी ने उसके पेट में पैरों से मारा था। उसकी तरफ़ देखते हुए सुभरन का मन हुआ कि उसकी गर्दन उसी तरह मरोड़ दे जैसे सोहराई की रात उसने मुर्गे की मरोड़ दी थी। दारोग़ा उसे देखकर मुस्कुराया फिर धीरे से कहा, 'वो तेरी औरत थी ना जो तेरे पीछे-पीछे थाने तक आ गयी थी? अभी तक पड़ी है नहर के किनारे। बहुत प्रेम करती है तेरे से? कितने साल हो गये तेरी शादी के?'

सुभरन ने कोई जवाब नहीं दिया। वह चुपचाप दारोग़ा की कुर्सी के पीछे की दीवार देखता रहा। दारोग़ा इस बार ज़ोर से हँसा, 'तुझसे बड़ी उमर की लगती है रे? कितने दिन हो गये शादी के?'

सुभरन क्या बोले। सही तो कह रहा है दारोग़ा। उससे पूरे पाँच साल बड़ी है कुसुमा। लेकिन इससे क्या फ़रक पड़ता है। जब एक बार उसे अपने जीवन में शामिल कर लिया तो बड़ी या छोटी होने का क्या मतलब। इस बार सुभरन ने मुँह खोला और उसके गले से सरसराती हुई आवाज़ निकली, 'शादी नहीं हुई है अभी।'

'क्या? शादी नहीं हुई है अभी? और उसे झोपड़ी में बुलाकर मजे ले रहा था। साला, मुंडा गुंडा। तू तो बड़ा रंगीला है रे?' दारोग़ा ने ज़ोर का ठहाका लगाया।

'बुलाकर नहीं। हमलोग एक साल से साथ रहते हैं। शादी तो बाद में भी हो जाएगी।' सुभरन ने अपना चेहरा नीचे कर लिया।

'अच्छा माने वो का कहते हैं अंग्रेजी में। लिव इन रिलेशनशिप? शादी नहीं करेगा?'

'शादी करने पर पूरे गाँव को भोज देना होता है। अभी उतना पैसा नहीं है। जब पैसा होगा तो पूरे गाँव को भोज देकर शादी कर लेंगे।' कहते हुए सुभरन ने एक बार फिर खिड़की के पीछे उचक कर देखने की कोशिश की।

'कब बुढ़ापे में?' कहकर दारोग़ा ज़ोर से हँसा। वह शायद कुछ और देर हँसने वाला था लेकिन अचानक उसकी नज़र बाहर गयी और वह सिटपिटा कर कुर्सी छोड़ कर खड़ा हो गया। सुभरन ने घूम कर थाने के बाहर की ओर देखा। जीप से कोई पुलिस अफसर उतर रहा था। गोरा-चिट्टा, लंबा-चौड़ा। आँखों पर चश्मा और उमर

यही कोई 30-35 साल। उसके साथ 10-15 पुलिस वाले और थे। हरवा-हथियार से लैस। दारोग़ा लगभग भागते हुए बाहर पहुँचा और ज़ोर से एंड़िया बजाते हुए सलामी दागी। सुभरन को इस पूरे दृश्य में कुछ नया नहीं लगा और उसने अपनी निगाहें एक बार फिर खिड़की की ओर लगा दी। उस अफ़सर के अंदर घुसते ही पूरे थाने का माहौल बदल गया। हर तरफ़ जैसे भाग-दौड़ मच गयी। अफ़सर ने अंदर घुसते ही हिक़ारत से उसे देखा और दनदनाता हुआ अंदर चला गया। कुछ ही देर के बाद दारोग़ा ने आकर सुभरन का कंधा पकड़ा और ज़ोर से झिंझोड़ते हुए कहा, 'चल, एसपी साहब बुला रहे हैं।'

सुभरन ने पहले दारोग़ा की ओर देखा और इसके बाद पूरी ताक़त लगाकर खड़ा हुआ। दारोग़ा उसे लगभग घसीटते हुए एक कमरे में ले गया। कमरे के अंदर एकदम ख़ामोशी थी। ऊपर लगा पंखा तेजी से घूम रहा था और एक कुर्सी पर बैठा एसपी उस पंखे को ग़ौर से देख रहा था। इस कमरे में भी एक खिड़की थी लेकिन इस खिड़की से बाहर वह नहर नज़र नहीं आ रही थी। दारोग़ा ने उसे ठीक एसपी के सामने खड़ा किया और ख़ुद एक तरफ़ जाकर खड़ा हो गया। एसपी ने पंखे की ओर देखते हुए मुलायम स्वर में पूछा, 'जंगल पार्टी के साथ कब से हो?'

सुभरन ने कुछ जवाब नहीं दिया। वह चुपचाप एसपी की ओर देखता रहा। इस बार एसपी का ध्यान पंखे से हटा और उसके चेहरे पर सख़्ती के भाव आ गये, 'तुमसे ही पूछ रहा हूँ। समझ में नहीं आता है क्या? कब से है रे जंगल पार्टी में?'

'कौन सी जंगल पार्टी?' सुभरन ने एकदम सपाट अंदाज में उल्टा सवाल किया।

इस बार एसपी अपनी कुर्सी पर थोड़ा और तनकर बैठ गया, मुस्कुराया और फिर मुलायम होकर कहा, 'मुझे बेवकूफ समझता है रे? मैं कौन सी जंगल पार्टी कह रहा हूँ, तुझे समझ में नहीं आ रहा है? अरे, माओवादियों के साथ कब से है?'

'मैं किसी के साथ नहीं हूँ।' सुभरन ने इस बार भी छोटा सा जवाब दिया।

'इतनी मार खाया लेकिन अभी भी झूठ बोल रहा है। सच बोल दे साले नहीं तो जान से जाएगा।' एक तरफ़ कोने में खड़े दारोग़ा ने चिल्लाकर कहा। एसपी ने घूमकर दारोग़ा की ओर नाराज़गी से देखा। दारोग़ा सिटपिटाकर चुप हो गया।

'जी सर। मैं जंगल में रहता हूं। केंदू पत्ता जमा कर बेचता हूं। छोटा-मोटा शिकार

भी कर लेता हूँ। लेकिन किसी पार्टी के साथ नहीं रहता।' सुभरन ने रुक-रुक कर कहा।

'पढ़ाई-लिखाई भी की है कभी? हिन्दी तो बड़ी अच्छी बोलता है?' एसपी ने धीरे से कहा।

'जी। सातवीं तक। फिर पटना में कुछ दिन तक एक साहेब के घर में रहा। वहीं सीखा।' कहकर सुभरन चुप हो गया।

'पटना से क्यों चला आया?' एसपी ने पूछा।

'वहाँ न पैसा मिलता था न छुट्टी। खाना भी ठीक से नहीं मिलता था। एक ही साल में भाग आया।' सुभरन बात तो एसपी से कर रहा था लेकिन उसकी नज़र खिड़की के बाहर ही लगी थी।

एसपी ने अपने सामने रखे काग़ज़ को गौर से देखा, मुस्कुराया और फिर धीरे से कहा, 'तो तू माओवादियों के साथ नहीं है? तो फिर पिछले साल तू जेल क्यों गया था? दो महीने रहा है साले तू जेल में।'

सुभरन चुप। एसपी को लगा उसने सही जगह वार किया है। इस बार वह कुर्सी छोड़कर खड़ा हो गया। टहलते हुए सुभरन के करीब आया और गंभीरता से कहा, 'तब तुम्हारे गाँव के पास नदी किनारे वाली ज़मीन पर बिजली का प्लांट लग रहा था। तुमने लोगों के साथ मिलकर प्लांट पर हमला किया। लूटपाट की और इसके बाद पकड़े भी गये।'

'जी, ये सब गलत बात है। एकदम झूठ।' सुभरन ने धीरे से कहा, 'वह तो हमलोग गाँव बचाने के लिए जमा हुए थे। वहाँ बिजली बनाने के नाम पर हमें गाँव से हटाया जा रहा था। हमारे जंगल काटे जा रहे थे और हमें ऐसी जगह जाने के लिए कहा जा रहा था जहाँ कुछ नहीं है। वहाँ न तो पानी है और ना ही खेती करने लायक ज़मीन। हमारा सोना जैसा गाँव लूटा जा रहा था। बचाना था उसे। हमलोग कंपनी वालों के पास जुलूस लेकर गये थे कि वह हमारी ज़मीन हमें वापस कर दे। लेकिन हमलोगों पर लूटपाट का आरोप लगाया गया। बाद में पुलिस ने जुलूस में शामिल सभी लोगों को पकड़ कर जेल में डाल दिया।'

'अच्छा? लेकिन वह जुलूस तो माओवादियों के कहने पर निकाला गया था न?' एसपी मुस्कुराया।

'ये मैं नहीं जानता। लेकिन हमलोगों ने अपने गाँव को बचा लिया। उस घटना के बाद बिजली बनाने वाली कंपनी वहाँ से भाग गयी।' यह कहते हुए उसे अच्छा लगा। थाने में लाये जाने के बाद वह पहली बार मुस्कुराया।

'पूरा पढ़ा-पढ़ाया तोता है।' एसपी ने धीरे से कहा और अपनी जेब में हाथ डाला। जेब से हाथ बाहर निकला तो उसके साथ एक फोन भी था। एकदम चमकता हुआ नया। एसपी ने उसे अपने सामने की टेबल पर रख दिया। फिर मुस्कुराते हुए कहा, 'मुझे पता चला है कि तुमसे मिलने के लिए तुम्हारी बीबी भी आयी है। दो दिन से नहर के किनारे पड़ी है। मिलना चाहोगे उससे?'

सुभरन चुप। उसे पता नहीं क्यों बचपन के स्कूल के दिनों का पाठ याद आने लगा – शिकारी आयेगा, जाल बिछायेगा, दाना डालेगा ...। उसने एसपी का चेहरा ग़ौर से देखा। एसपी ने फिर कहा, 'देखो, यह तो हम भी जानते हैं कि तुम माओवादी नहीं हो। होते तो तुम अपने घर में नहीं पकड़े जाते। लेकिन तुम उन लोगों के साथ तो हो जो जंगल और ज़मीन बचाने के नाम पर आदिवासियों को भड़का रहे हैं। चर्च वाले भी आते हैं न गाँव में? और वो जो कंधे पर झोले लेकर घूमते हैं? सब साले देशद्रोही हैं। ये तुम लोगों को जंगली मानते हैं और चाहते हैं कि तुम लोग जंगली ही बने रहो। हफ़्ते में कितनी बार गाँव में मीटिंग करते हैं ये लोग? साले अरबन नक्सल। नाक में दम करके रख दिया है।'

इतना कहने के बाद एसपी ने गहरी साँस ली और उसके कंधे पर हाथ रखा, 'देखो तुम हमारी थोड़ी सी मदद करो तो तुम एक बार फिर आजाद ज़िन्दगी जी सकते हो। कोई तुमको तंग नहीं करेगा।'

सुभरन ने एसपी का चेहरा ग़ौर से देखा। एसपी उसके एकदम क़रीब आ गया और धीरे से बोला, 'तुम्हें इतना करना होगा कि गाँव में जब भी कोई बाहरी आदमी आये और इस तरह की मीटिंग करे, तुम हमें इत्तिला कर दो। अब वे चाहें माओवादी हों या फिर ऐसे लोग जो गाँव-गाँव घूमकर आदिवासियों को भड़का रहे हैं। तुम्हें हर सूचना के लिए पैसे मिलेंगे। खूब सारे पैसे। फिर तुम अपनी बीबी के साथ खूब ऐश से रहना।'

सुभरन ने प्रश्नवाचक निगाहों से एसपी की तरफ़ देखा। एसपी ने उसकी आँखों में

झाँका और तेजी से पीछे मुड़ा। तेज़ कदमों से चलता हुआ वह टेबल की तरफ़ पहुँचा और उस पर रखा मोबाइल फोन उठा लिया। फिर उतनी ही तेज़ी से चलता हुआ वह सुभरन के पास लौटा और फोन को उसकी आँखों के सामने कर दिया, 'फिर ये फोन तुम्हारा। इस फोन से तुम जब चाहो हमसे बात कर सकते हो। जानते हो, तुम्हें क्या कहा जाएगा – एसपीओ। स्पेशल पुलिस ऑफिसर। इसके बाद ना तो तुम्हें पुलिस तंग करेगी और ना ही गाँव का कोई आदमी तुम्हें सतायेगा। पुलिस तुम्हारी मदद करने के लिए हमेशा मौजूद रहेगी। आसपास के ढेर सारे गाँवों में कई आदिवासी नौजवान हमारा ये काम कर रहे हैं।'

सुभरन ने फोन को एक नज़र देखा और फिर बाहर की ओर देखने लगा।

एसपी दारोग़ा की ओर घूमा और मुस्कुराकर कहा, 'अगर ये बात मान जाता है तो इसकी बीबी को बुला देना। कुछ खिला देना और इसके बाद दोनों को छोड़ देना। लेकिन हाँ, ध्यान रहे इसे हर हफ़्ते थाने में आकर रिपोर्ट देनी होगी। ज़िम्मेवारी तुम्हारी।' कहते हुए वह बाहर निकला। दरवाजे के पास पहुँचकर थोड़ी देर के लिए ठिठका। फिर घूमकर सुभरन को देखकर हँसा। इसके बाद दारोग़ा से कहा, 'शाम में मुझे रिपोर्ट करो कि इसका इरादा क्या है। नहीं मानता है तो कंपनी के प्रोजेक्ट पर हुए हमले के मामले में जेल भेज दो।' दारोग़ा ने दोनों एंड़ियाँ बजाते हुए कसकर सलामी दागी। इसके बाद एसपी जैसे आया था वैसे ही धूल उड़ाते हुए निकल गया।

दारोग़ा सुभरन के पास आया और उसकी आँखों में झाँका, 'भाग्यशाली है रे मुंडा। वरना एसपी साहब तो इतने कड़क हैं कि जिस पर भी थोड़ा सा जंगल पार्टी के संबंध का शक हुआ तो सीधे इनकाउंटर। और तुझे तो एसपीओ बना रहे हैं। साले राज करेगा राज। गाँव के लोग भी तुझसे डरेंगे। फिर तो इतने पैसे हो जाएँगे कि महीना-दो महीना में गाँव वालों को भोज देकर अपनी रानी से शादी कर लेगा।'

सुभरन ने कुछ नहीं कहा। उसने दारोग़ा का चेहरा देखा और घूमकर वहीं चला गया जहाँ से उठाकर दारोग़ा उसे लाया था। उसने एक बार फिर खिड़की के बाहर उचक कर देखा। वह उसी तरह खिड़की की तरफ़ चुपचाप देख रही थी। एक सिपाही आकर उसके पाँव में फिर से रस्सी बाँधने लगा। दारोग़ा ने सिपाही से कहा, 'छोड़ दीजिये महाराज। अरे अब ये अपना ही आदमी बनने वाला है। इसके पाँव में रस्सी क्या बाँधना।'

सुभरन दीवार के सहारे पीठ टिका कर पसर गया। उसे कुछ खाये हुए 24 घंटे से अधिक हो गये थे। पेट में मरोड़ सी उठ रही थी और मुँह बार-बार सूख रहा था। उसने पास खड़े सिपाही से पीने के लिए पानी माँगा ही था कि अचानक उसे बाहर से किसी के रोने की आवाज़ सुनाई पड़ी। औरत के रोने की आवाज़। उसे लगा कुसुमा रो रही है। वह छटपटा कर उठा और खिड़की से बाहर झाँकने की कोशिश की। वह उचकने ही वाला था कि सामने खड़े सिपाही ने उसकी बाँह ज़ोर से खींची और वह सीधे नीचे गिर पड़ा। सिपाही ने हँसते हुए कहा, 'साले, सिनेमा हॉल में हो क्या? सुबह से पचहत्तर बार खिड़की से बाहर झाँक चुके हो। यहाँ प्रेम कहानी का नाटक पसारे हुए हो। चुपचाप पड़े रहो नहीं तो मार लाठी के पनहत्तर बिगाड़ देंगे।'

सुभरन बैठ तो गया लेकिन रोने की आवाज़ लगातार तेज़ होती जा रही थी। ऐसा लग रहा था जैसे कुसुमा एकदम थाने के पास आ गयी हो और ज़ोर-ज़ोर से रो रही हो। कुछ देर तक तो उसने दिलासा देने की कोशिश की कि कुसुमा तो नहर के किनारे बैठी है। वहाँ से उसके रोने की आवाज़ यहाँ तक कैसे आ सकती है। लेकिन आवाज़ तो बिल्कुल उसके जैसी है। उसने बेचैनी से कुर्सी पर बैठे दारोग़ा की तरफ़ देखा और धीरे से कहा, 'उसे बुला दीजिये।'

'तुम्हारे बाप का घर है साले? ससुराल आया है क्या? एसपी साहब ने जो कहा है वह मान जा नहीं तो शाम तक जेल का रास्ता दिखा दिया जाएगा। साले एंटी नक्सल अभियान में पकड़े गये हो। बेल भी नहीं होगी। फिर सड़ते रहना जेल के भीतर। वहाँ अच्छे-अच्छों की गरमी निकल जाती है।' दारोग़ा ने हाथ में पकड़े चाय के गिलास को एक तरफ़ रखा और दरवाजे पर खड़े सिपाही को आवाज़ दी, 'देख तो साली कौन रो रही है? मार कर भगाओ साली को। अपने घर जाकर रोये।'

सुभरन ने बाहर निकलते सिपाही को देखा और धड़कते दिल के साथ इंतज़ार करने लगा। थोड़ी ही देर के बाद औरत के रोने की आवाज़ कम होने लगी। धीरे-धीरे आवाज़ एकदम बंद हो गयी। सिपाही अंदर आया और हँसते हुए सुभरन की ओर देखा। उसके चेहरे को देखकर शायद सिपाही को दया आ गयी। उसने मुस्कुराते हुए कहा, 'घबरा मत राजा। तेरी घरवाली नहीं थी। वह तो नहर के किनारे तपस्या कर रही है।'

सुभरन ने चैन की साँस ली और आँखें बंद कर ली। आँखें बंद करते ही जैसे पूरा

गाँव दिखायी पड़ने लगा। वह किसके बारे में बता दे पुलिस को? कौन उसके गाँव वालों को भड़काता है? यह तो ख़ुद गाँव के लोग तय करते हैं। कंपनी वाले उन पेड़ों को काट रहे हैं जिन पर उनका देवता रहता है। उन पत्थरों को उखाड़ रहे हैं जिन्हें गाँव के लोगों ने अपने पूर्वजों की याद में लगाया है। कंपनी के साथ-साथ पुलिस भी उन्हें गाँव छोड़ने की धमकी देती है। सरकार कहती है कि वे जंगल से बाहर निकल जायें। अपनी ज़मीन कंपनी को दे दें। बदले में सरकार उन्हें अच्छी ज़मीन के साथ अच्छा घर भी देगी। लेकिन जिन लोगों ने गाँव छोड़ा उन्हें क्या मिला? उन्हें पहाड़ पर भेज दिया गया। ऐसी ज़मीन दी गयी जिस पर वे कुछ उगा नहीं सकते। न सब्ज़ी, न अन्न। गाँव भी गया और खेती भी गयी। गाँव को तो बचाना होगा।

सोचते-सोचते पता नहीं कब नींद आ गयी। नींद में गाँव, गाँव में अखड़ा और उसमें नाचते लोग। अखड़ा में कुसुमा के साथ वह भी नाच रहा है। माँदर पर थाप पड़ रही है और गीत के बोल गूँज रहे हैं – आमागा सुपिद लेल ते / सोंगे नेगे मोनिआ / आमागा पाएला चिना ते / पिरितिन गे सानाआ।(तुम्हारा चेहरा देखकर / दोस्ती करने का मन करता है / तुम्हारा आँचल पहचानकर / प्रेम करने का मन करता है)।

अचानक वह हड़बड़ा कर जगा। लगा जैसे किसी ने उसे उठाकर ज़ोर से पटका हो। झटके से आँख खुली। दारोग़ा उसके बाल पकड़कर खींच रहा था। दो सिपाही उसके पाँव पकड़कर घसीट रहे थे। वह छटपटाया तो एक सिपाही ने उसके सीने पर इस तरह पाँव रखा जैसे उसकी जान लेना चाहता हो। मारे दर्द के सुभरन के गले से ज़ोर से चीख़ निकली। सामने से एक सिपाही ने लाठी का भरपूर वार सीने पर किया। वह चीख़ता तभी दूसरे ने पाँव से पेट के बगल में ज़ोर की ठोकर मारी। उसकी आँखों के आगे अँधेरा छाने लगा। आँखें बंद होने लगी। धीरे-धीरे एकदम बेहोश। ऐसा लगा जैसे सामने कुसुमा खड़ी हो। मुस्कुराती हुई। उसके चोटों को सहलाती हुई। गीत गाती हुई। इसके बाद क्या हुआ, सुभरन को पता नहीं चला। जब आँख खुली तो वह उसी जीप में था जिस पर उठाकर पुलिस के लोग उसे गाँव से ले आये थे। वह नीचे पड़ा था और दोनों तरफ़ पुलिस के जवान। आगे की सीट पर बैठे दारोग़ा के कान में एक सिपाही फुसफुसाया, 'होश में आ गया है सर।'

दारोग़ा पीछे घूमा और सुभरन को देखकर हँसा, 'बेटा, अब तो जेल में कटेगी

ज़िंदगी। पुलिस की बात मान लेता तो मज़े में रहता। अब बुढ़ापे में आकर अपनी रानी से करना शादी।'

सुभरन ने जीप के बाहर झाँकने की कोशिश की। जीप उसी नहर के किनारे चल रही थी जहाँ उसने कुसुमा को बैठे देखा था। उसने जीप से बाहर झाँका। वह अभी भी वहीं बैठी थी। कुछ और औरतें वहीं आकर बैठ गयी थीं। कुसुमा एकटक जीप की तरफ़ देख रही थी। शायद पहले की तरह जीप के साथ दौड़ना चाहती हो। कुसुमा ने खड़े होने की कोशिश की लेकिन भहरा कर गिर पड़ी। पास में बैठी महिलाओं ने उसे थामा। जीप एकदम उसके पास से गुज़री। सुभरन ने पूरी ताक़त लगायी और घुटनों के बल बैठ गया। सिपाही जब तक कुछ समझ पाते तब तक वह उछला और जीप से बाहर। वह सीधे ज़मीन पर गिरा। उसने उठना चाहा लेकिन शरीर ने इस बार साथ नहीं दिया। इधर जीप के ड्राइवर ने ज़ोर से ब्रेक मारा। जीप तेज़ आवाज़ के साथ रुकी और थोड़ी ही देर के बाद सुभरन को घेर कर सिपाहियों ने उसे फिर से पीटना शुरू कर दिया। दारोग़ा उसे गंदी-गंदी गालियाँ दिये जा रहा था और साथ में एसपी को कोस रहा था कि अगर उसने जेल भेजने को नहीं कहा होता तो अब तक इसे परलोक भेज चुका होता। मार खाकर बेसुध हो चुके सुभरन को सिपाहियों ने एक बार फिर जीप में उठाकर डाला। उसने बंद होती आँखों से देखा, कुसुमा किसी बेबस हिरनी की तरह उसे बस देखे जा रही थी। उसकी आँखों से अब आँसू भी नहीं बह रहे थे। जीप एक बार फिर स्टार्ट हुई और हिचकोले खाते हुए आगे बढ़ी। वहाँ बैठी महिलाओं ने एक गीत गाना शुरू कर दिया था। गीत के बोल उसे अच्छी तरह सुनाई पड़ रहे थे।

अटमट बिर को तलरे / अलोहोम निरङ वगि रमकन मरेच रे / अलोहोम निरङ ... (इस घने जंगल में / तुम मुझे छोड़कर मत जाओ / इस कांटे भरे मैदान में / तुम मुझे छोड़कर मत जाओ)। सुभरन चिल्लाकर कहना चाहता था कि वह जल्दी लौटकर आयेगा लेकिन मुँह से आवाज़ निकल नहीं पाई। पूरा मुँह ख़ून के थक्कों से भर गया था।

वन्दना शुक्ल

गुलाबी राशन कार्ड

जैसे हर बड़े शहर के दो चेहरे होते हैं, एक गगनचुम्बी इमारतों और रोशनी की चकाचौंध में नहाया, नवीनता और विकास पर इतराता सुंदर चेहरा तो दूसरा पुराना धूसरित हिस्सा, जहाँ भीड़ व धूल भरी बस्तियों में पसीने से गँधाते, जीने के कई अधिकारों से वंचित लोग मंज़िल की तलाश में उम्मीदों को कंधे पर उठाये पीढ़ी दर पीढ़ी बीतते जाते हैं।

ये एक ऐसा ही दबा-कुचला सा आदिवासी इलाका था। नाम था मुडखेड़ा गाँव। भुखमरी, दरिद्रता, अन्याय, अराजकता का साम्राज्य। गंदी मैली झुग्गियाँ, जो भरपूर कोशिशों के बाद भी रहवासियों को बारिश, जाड़े, धूप से बचा नहीं पातीं और अपराधबोध में मुँह लटकाकर बैठी रहतीं। नक्सलवादी गतिविधियों से इलाका जब-तब काँप जाता और फिर सब कुछ शांत ...। पशु और इंसान एक ही घाट पर पानी पीते। लोग मुस्कुराने के बहाने खोजना तक भूल चुके थे। पीढ़ियाँ इस बदहाली का ठीकरा किस्मत के सर फोड़ उसी बदहाली में घुल मिल सी गयी थीं लेकिन तभी वहाँ एक अविश्वसनीय घटना घटी।

अचानक पूरे मुडखेड़ा गाँव में यह ख़बर बिजली सी फैल गयी कि इस गाँव के गरीबों के लिए सरकार दो कमरों के मकान बनवा रही है। जब से सरकार द्वारा इस आदिवासी बहुल गाँव में गरीबों के लिए दो कमरों के मकान बनाने की ख़बर आयी थी, बिनैकिन बहू की तो मारे खुशी के रातों की नींद ही उड़ गयी थी। बिनयका गाँव की बिनैकिन बहू! दस बरस की थी, जब इसी मुडखेड़ा गाँव में आज से चालीस बरस पहले

करुआ भील से ब्याह कर आयी थी और यहीं की होकर रह गयी। तब ये निरा बीहड़ था। दो पुराने कुएँ और एक मैला सा तालाब। बड़े-बड़े दरख़्त जिनकी विशालकाय शाखाएँ आपस में इस कदर उलझी हुई थीं कि सूरज की रोशनी को ज़मीन तक आने ही न देतीं। खनन कार्य चलता रहता, जिसकी मशीनों की किर्र-किर्र की आवाज़ शाम-दुपहरी जंगल में गूँजा करती। दूर ईंट भट्ठों की ऊँची चिमनी से हर वक़्त लहराता धुआँ और उसके मुँह से कभी-कभी आग का एक भभका सा उगलता दिखायी देता। जनी मानसों से ज़्यादा केर, बबूल, ढोर, डांगर, तीतर, बटेर, कठफोड़वा, गौरैया, तोता, उल्लू और न जाने क्या-क्या! पक्षी रहते पेड़ों पर थे लेकिन बेख़ौफ़ फुदकते और चुहलबाजियाँ करते वहीं घरों के आसपास। इफ़रात पेड़-पौधे, खुला आकाश और खाने को जंगली फल-फूल। यहाँ पशु-पक्षियों और इंसानों के बीच कोई बैर भाव नहीं था। सबके लिए वो घना जंगल उनका पालनहार।

'पेड़ कटे तो पक्षी भी जाने कहाँ ग़ायब हो गये। जंगल तो अब धरती पर ही कम बचे हैं। कहाँ गये होंगे वो सब पशु पक्षी?' बाज़ वक़्त बिनैकिन बहू जब अतीत के पहाड़ को अपनी स्मृतियों से धीरे-धीरे कुरेदती है, तो स्वयं उसी के अँधेरों में धँसती जाती है। उसे लगता है चालीस बरस में चेहरों और सरकारों के अलावा और कुछ नहीं बदला। बढ़ी है तो उमर, आबादी और बर्बादी। तब ग़रीबी थी पर ग़रीबी का शोर नहीं था। वो ग़रीबी में तपी गाँव की पुरानी औरत ठहरी इसलिए नये समय की बदहाली में भी जीने का दमखम रखती।

गये बरस पड़ोस के गाँव के एक किसान ने कर्ज़ से तंग आकर आत्महत्या कर ली थी तो पूरा गाँव अजनबियों से भर गया था। मीडियाकर्मी और तमाशबीन मक्खियों की तरह गाँव भर में फ़ैल गये थे। आसपास के गाँवों की औरतें भी बूढ़े किसान की आत्महत्या पर हिलक-हिलक कर रोयी थीं। बिनैकिन बहू भी वहाँ गयी पर न रोयी ना कलपी। घूँघट में ही खूब बड़बड़ायी, 'पुश्तों से ऐसे ही अधपेट रह तो रहे हैं। भला ऐसे भी कोई मर जाता है क्या? मौत तो हरामखोर इहाँ हर घर में जंगली बिल्ली की नाईं छिपी बैठी है। कभी भूख, कभी गंदगी और कभी बीमारी के बहाने झपट्टा मार आदमी को मुँह में दबोच के ले जाती है और ये तो ख़ुदई मौत के मुँह में ... मति मारी गयी थी बुढ़ऊ की।' खूब खरी-खोटी सुनाकर बिनैकिन बहू अपने गाँव लौट आयी

थी लेकिन उसे न जाने क्यूँ लगा कि रस्ते भर उसके पाँव काँपते रहे।

कभी-कभी उसे लगता कि अराजकता के अँधेरों में डूबा ये गाँव, धरती का आख़िरी गाँव है। दरिद्रता पूरी धरती का फेरा लगा के थक कर वर्षों से यहीं डेरा डाले बैठी है। ज़र्जर झोंपड़ियाँ गर्मी में तपतीं, जाड़े में परिवार के संग ठिठुरतीं और चौमासे में बरसतीं। ग़रीब लोग एक या दो समय का भोजन जुगाड़ने के लिए खेतों में मजूरी करते, कुछ पेड़ों से गोंद या छत्तों से शहद निकालते, बाँस की टोकरियाँ बनाते, कुछ फॉरेस्ट गार्ड भी थे। खनन माफियाओं का वर्षों से वो पसंदीदा इलाका था, जहाँ भरपूर खनिज भंडार थे। कुछ स्थानीय लोग वहाँ भी मजूरी करते। दो जून की रोटी के लिए लोगबाग़ अपना ख़ून पसीना निचोड़ देते। खूब मेहनत मजूरी करते लेकिन ग़रीबी वहीं की वहीं।

1

दरिद्रता, भुखमरी, असुविधाएँ, नक्सली हिंसा, गंदगी, ख़ौफ़ इन सब के बीच शिक्षा किसी मज़ाक़ या ऐयाशी से कम नहीं होती। अब तो यही सब विडंबनाएँ यहाँ के जीवन का पर्याय हो चुकी थीं और आदत बनकर जीवन में घुल-मिल गयी थीं पर बिनैकिन बहू के लिए फ़िक्र करने को बची थीं ताड़ सी बढ़ती दोनों बेटियाँ, जिन्हें पढ़ाने के लिए उसने क्या नहीं किया केवल इसलिए कि इस शापित गाँव से बाहर ब्याही जायें। यहाँ की भुखमरी, ग़रीबी को भूल जायें। उसकी बेटियों को स्कूल भेजने की इच्छा पूरी भी हुई लेकिन ...।

घटना यूँ है कि यहाँ महिला एवं बाल विकास विभाग के अंतर्गत ग़रीब बच्चों को मुफ़्त शिक्षा देने के उद्देश्य से सरकारी विद्यालय खोला गया जिसमें ज़्यादातर बच्चे कुपोषित होते अतः सभी विद्यार्थियों को पौष्टिक दलिया, चावल, सब्ज़ी, रोटी दी जाती थी। इन विद्यालयों को ख़ैराती स्कूल कहा जाता। बिनैकिन बहू की बेटियाँ भी उसी विद्यालय में पढ़ने जातीं। शुरू में तो सब कुछ व्यवस्थित था लेकिन कुछ दिन बाद हालात बदलने लगे। बच्चों को, जो पढ़ने से अधिक भरपेट खाना खाने के लालच में विद्यालय जाते थे, आधे से भी कम खाना मिलने लगा, वो भी बेस्वाद। उनसे झाड़-

पोंछा और सफ़ाई के काम कराये जाते। मास्टरनियाँ पेड़ों के नीचे बैठीं स्वेटर बुनती रहतीं और गप्प-सड़ाका चलता। शिक्षक विद्यालय में कम ही उपस्थित रहते। बच्चे स्कूल जाने से कतराने लगे। अंत तक सिर्फ दो विद्यार्थी और चार शिक्षक बचे।

किसी की शिकायत पर कुछ दिन पूर्व एक सरकारी दस्ते ने जब केंद्र का औचक परीक्षण किया तो पता चला कि बच्चों को घटिया और कम खाना दिया जा रहा है जबकि बच्चों के लिए आने वाला पौष्टिक आहार और राशन केंद्र के सदस्यों और गाँव के रसूखदारों के घर पहुँच रहा है। ऊपर की कुछ डाँट-फटकार के बाद भी हालात नहीं सुधरे और बिनैकिन बहू सहित सभी गाँववालों के बच्चों ने स्कूल जाना बंद कर दिया। बिनैकिन बहू ने तो अपनी बेटियाँ घर बैठा लीं और ब्याह की जुगत में लग गयी जबकि कई मज़दूरों ने अपने बच्चों को किसी मज़दूरी आदि में लगा दिया। यद्यपि केंद्र यथापूर्व चलता रहा। कर्मचारियों को तनख़्वाह मिलती रही। बच्चों के पौष्टिक आहार के पैकिट आते रहे। फाइलें खिसकती रहीं, बस नदारद थे तो केंद्र पर बच्चे।

बिनैकिन बहू जैसे लोगों के सपने अल्पायु होते हैं। बेटियों को पढ़ा-लिखाकर अच्छा घर भेजने के सपने ने भी बीच राह में दम तोड़ दिया था। अब तो उसने इन्हीं विडंबनाओं को जीवन मान लिया था और कमर कस ली थी इनसे जूझते जाने की। न दुर्दशा हारी न बिनैकिन बहू। बड़े-बूढ़े सब सिधार गये। यहाँ जीवन एक युद्ध था। अपनी देह, मन, व्याधियों, परेशानियों से मुठभेड़ करते हुए पचास वर्ष तक आते-आते व्यक्ति जीवन से हार जाता। मरने के लिए व्याधि, परेशानियाँ और विरक्ति जैसे किसी भी बहाने की नाव पर बैठ पार निकल जाता। पचास पार तो गिने-चुने दुस्साहसी लोग ही होते। बिनैकिन बहू उन्हीं में से एक थी।

वह गाँव की पुरानी रहवासी थी। जानती थी कि जब-जब शहरों में सरकारें बदलती हैं तब गाँव में हलचल बढ़ जाती है। नेता महँगी गाड़ियों में आते। हाथ जोड़कर बड़े-बड़े वादे करते। कभी उनकी कच्ची और मैली-कुचैली झुग्गियों में नीचे बैठकर खाना भी खाते। (खाने का इंतज़ाम पार्टी कार्यकर्ता कर देते थे) फोटो खींचे जाते। गाँव वालों से उनकी समस्याएँ सीरियसली पूछी जातीं। बिनैकिन बहू हँसती। मन ही मन कहती, 'आ गये मुस्टंडे। अब चिरौरी करेंगे। दुःख दूर करने की कसमें खायेंगे। जनता को मूरख बनायेंगे। बोट बटोरेंगे और फिर जय राम जी की।'

2

पूरा देश चुनाव पर्व के जोश में डूबा हुआ था। दिल्ली के इंडिया गेट से लेकर गाँव-देहातों तक तमाम जनता मीडिया के सामने पूरी आज़ादी के साथ अपने मन की बात कहे डाल रही थी। टीवी पर नये-पुराने तमाम ख़बरिया चैनल नयी से नयी पहली ब्रेकिंग न्यूज़ के दावे के साथ चौबीसों घंटे जुटे थे। पार्टी प्रवक्ताओं/नेताओं को भरपूर भड़काऊ प्रश्नों से उकसा रहे थे और अपनी-अपनी टीआरपी की फसलें काट रहे थे। उधर गहरे दोस्त पार्टियों की बहस में दुश्मन हुए जा रहे थे, वर्षों के नाते-रिश्ते टूट रहे थे। सबके अपने-अपने हित थे, अपने-अपने भ्रम।

हर बार की तरह इस बार भी चुनाव के पहले मुडखेड़ा गाँव में जब बड़ी-बड़ी गाड़ियाँ आयीं, झक्क सफ़ेद कलफ लगा कुर्ता-पजामा गांधी टोपी पहने मोटे पेट वाले नेताजी अपने प्रशंसकों से घिरे कार से उतरे तो बिनैकिन बहू को न अच्छा लगा न बुरा। वह न ख़ुश हुई न दुःखी। हर बार की तरह अपनी झोंपड़ी में से घूँघट की आड़ से सब तमाशा देखती रही। उसे सिर्फ उत्सुकता इस बात की थी कि इस बार 'नेताजी' की पिटारी से गरीबों के लिए क्या तोहफ़ा निकलता है। पिछली बार जो नेताजी आये थे, उन्होंने गाँव के लड़कों को साइकिल और अंगरेजी दारू दी थी। उससे पहले वाले ने मर्दों को कंबल और जनानियों को साड़ी। लेकिन जब इस बार नेताजी ने 'शबरी बस्ती' यानी हर ग़रीब परिवार को दो कमरे का मकान मुफ़्त में देने की घोषणा ही नहीं बल्कि काम शुरू हो जाने का ऐलान किया तो उसे विश्वास ही नहीं हुआ। नेताजी ने गर्व से कहा कि स्त्रियाँ देवी स्वरूप होती हैं। हमारी सरकार ने ग़रीब बस्ती योजना का नाम भी एक ग़रीब भील स्त्री 'शबरी' पर ही रखा है। गाँव के लोग जोश में आकर 'भारत माता की जय' 'वन्दे मातरम्' 'शबरी माता की जय' के नारे आसमान में मुट्ठी लहरा-लहरा कर लगाने लगे तो बिनैकिन बहू को भी तैश आ गया। बिनैकिन भी घूँघट में से सुर में सुर मिलाकर गर्मजोशी से नारे लगाने लगी। क्या बच्चे क्या बूढ़े, मर्द औरतें सब ख़ुशी से बौरा रहे थे। न जाने क्यूँ नेताओं की बात पर बिनैकिन को ज़रा कम ही यक़ीन होता था, लेकिन गाँव वालों को ख़ुश देखना उसे अच्छा लग रहा था। अरसे बाद उसने मुहल्ले के चेहरे पर ख़ुशी के कुछ क़तरे देखे थे। भीड़ का ध्यान नारों पर था

और बिनैकिन बहू का ऐलान पर। नेताजी को चुनाव जीतना था और बिनैकिन बहू को बेटियाँ ब्याहनी थीं। स्रोत एक था पर सबकी खुशियाँ अलग थीं।

कोई खुशी भी कितनी नाक़ाबिले-बर्दाश्त हो जाती है कभी-कभी।

सरकार ने गरीबों को पक्के घर देने का ऐलान किया था। रहवासियों के बूढ़े सपने अचानक जवान हो उठे लेकिन दसियों संदेह भरोसे की छाती पर कई मन का पत्थर बन लद गये। सरकार ग़रीब आदिवासियों के लिए मकान बनवा रही है, ये बात मग़ज़ में अटक सी गयी सबके। न जाने क्यूँ बिनैकिन बहू को भी भरोसा नहीं हो रहा था, सो ख़बर सुनकर वो घूँघट काढ़ अन्य औरतों के साथ गाँव के मुहाने पर वह जगह भी देख आयी थी, जहाँ 'शबरी बस्ती' का नया नवेला बोर्ड लगा था और नींव भरी जा रही थी। एक अति उत्साही मजदूर ने उन औरतों को भरी हुई नींव में एक सांकेतिक नक्शा भी बता दिया था, 'झें तुमारो चूला चक्की होगी भाबी ... मतलब किचिन ...। जे दो कमरा त्यारे बरतवे और सोबे के काजे और जे पीछे छोटो सो दल्लान जामे तुम चाहो तो बाल बच्चा खेल लें या फल फूल के पौधा लगा लो चाहे पक्को करवा के और कछु काम में बरत लो ...। और इहाँ कोने में जे संडास ... बाहर फिरबे जाबे की छुट्टी।' पकी हुई बुंदेलखंडी में उसने सयानेपन के बड़प्पन से समझाने की कोशिश की थी।

'सुना है कि नये घरों में बिजली के लट्टू भी जलेंगे?' जग्गू काका की लुगाई ने पूछ लिया। मजदूर ने उत्साह से कहा 'हम्बे चाची ...। जे कोई तुमारी कच्ची झुग्गी थोड़े ही ना हैं। ज़े पक्के घर हैं ... यहाँ संडास, बिजली, पानी सब मिलिहे।'

पक्की चारदीवारी और हर काम के लिए अलग-अलग कमरे, बिजली के लट्टू, पानी के लिए नल ...। शौचालय घर में ही ... बिनैकिन बहू समेत पूरे गाँव की स्त्रियों के लिए ये सब अजूबा था। सपने से बाहर के सपने।

'लाला रे, कब तलक बन जैहे जे घर?' बिनैकिन के संग आयी बिराज दुल्हन ने पूछा था।

'बस देखो दुल्हिन ... नींव तो पड़ गयी। दो-एक महीना में मकान भी बन जायेगा। चुनाव को मौसम है तासेई तो जल्दी-जल्दी बनवा रही हेगी सरकार। देख ना रहीं मुकते मजूर लगे हैं।'

'चालीस बरस निकार लिये कच्ची मड़ैया में तो दो-चार महीना तो ज्यों निकर

जैहें', बिनैकिन ने सोचा फिर घूँघट में से ही पूछा, 'एक बात बताओ मिस्त्री जी, सरकार हमते भाड़ा लेगी का?' दरअसल इस अविश्वसनीय घोषणा के सच को वो एक बार फिर से पूछ कर यक़ीन पुख़्ता कर लेना चाहती थी।

'अरे तुम हम ग़रीबन के काजेई तो बनवा रही है सरकार जे घर ... भाड़ा काहे का... ।' मज़दूर के अंतिम शब्दों में एक अलग गर्वीला वर्तमान था। इतिहास को पलट देने, गरीबों को इंसान समझने के सतयुग और सरकार की दयालुता को धन्यवाद का स्वर।

3

घरों की ईंट-गारे से बनी मज़बूत दीवारों के भीतर रिश्ते भी घुटकर रह जाते हैं, इनमें फूस की नम और झीनी ओट की तरह रिश्तों की तरलता को दिल से दिल तक राह नहीं मिल पाती। गाँव में एका था। जो सरकार के दुश्मन थे, वो भी गाँववालों के दोस्त। एक बार मौजूदा सरकार ने खनन माफ़िया गिरोह के मुखिया को पकड़ लिया था, तब गाँववाले एकजुट होकर उसे छुड़वाने के प्रयास में जुट गये थे। एक टीवी रिपोर्टर को सरपंच द्वारा इसका कारण खनन कार्य में स्थानीय मजदूरों को काम मिलना बंद हो जाना बताया गया। इस साल तो सरकार ने बदहाल आदिवासियों को पक्के घर देने का बंपर दाँव खेला था। सरकार द्वारा मुफ़्त के मकान देने की दलील पर गाँव वालों का कहना था, 'घर में रहेंगे सो तो ठीक पर बाल-बच्चों को खाने को भी तो कुछ चाहिए?' विपक्षी पार्टियों ने गाँव के लोगों की इस दलील को लपक लिया और यही मुद्दा बना दिया। कोने-अंतरे में पड़ा अनजाना सा व खनिज संपदा से भरपूर और बदहाल आदिवासी मुडखेड़ा गाँव सत्तारूढ़ सरकार के लिए अब 'मूँछ का बाल' बन गया।

मीडिया और विपक्षी दलों की आवाजाही अचानक वहाँ तेज़ हो गयी और फिर एक दिन टीवी पर उस गाँव के लोगों को बैनर लिये दिखाया जाने लगा जिन पर लिखा था 'रुजगार नहीं तो वोट नहीं।' 'महंगाई हटाओ, वोट देंगे।' सरकार ने ग़रीबों के लिए मकान बनाने के एवज़ में अपनी विश्वसनीयता कायम करने के मकसद से जो

तुरुप का पत्ता चला था, वो ख़तरे में पड़ने लगा लिहाजा आनन-फानन में सरकार द्वारा गाँव वालों को एक नया तोहफ़ा दे दिया गया। आकर्षक गुलाबी रंग का मुफ़्त राशन कार्ड। नेताजी स्वयं आकर सब गरीबों को बाँट गये। अनाज चार रुपये किलो और केरोसिन तीन रुपये लीटर। मसाले, अनाज, कपड़े धोने, नहाने के साबुन, तेल, दियासलाई, झाड़ू, सूती कपड़ा जैसी घरेलू चीज़ें उम्मीद से कम दाम पर उपलब्ध थीं। बीपीएल की सीमा के भीतर आने वाले गाँव के निर्धन परिवारों में ख़ुशी की लहर दौड़ गयी। कहाँ पंद्रह बीस रुपये किलो अनाज और कहाँ तीन रुपये किलो।

भूखे मरते परिवारों में ज़िंदा रहने की लालसा बढ़ने लगी। उनके लिए यह सुविधा एक बड़ी राहत थी, परंतु सरकार की यह व्यवस्था गाँव के कुछ बाहुबली लोगों को पसंद नहीं आयी, जो उन ग़रीब मज़दूरों को थोड़ा बहुत पैसा उधार दे उसके बदले महीनों अपने खेतों, दुकानों या घरों में काम करवाते थे। परचून की दुकान वाले 'सेठों' का तो धंधा ही चौपट होने लगा। रोज़ कमाने खाने वाले वो आदिवासी जो स्थानीय किराने की दुकान से पाव भर दाल, आधा किलो चावल, आटा, मसाले आदि सामान नियमित महँगे दाम में खरीदते थे, वे अब सरकारी राशन की दुकान की लाइन में खड़े दिखायी देने लगे। 'सेठ' उन्हें राशन की दुकान पर खड़े घूरते रहते और मन ही मन कुढ़ते।

सरकार की इस एक योजना से ग़रीब परिवारों की जीवन शैली में भी बदलाव दिखायी देने लगा। बदहाल गरीबों के लिए अब जीवन का अर्थ भूख से मुठभेड़ करते रहने के अतिरिक्त अन्य आवश्यकताओं की पूर्ति भी होने लगा। तेल, साबुन, झाड़ू जैसी ज़रूरी चीज़ें राशन कार्ड से मिलने के कारण घर के सदस्य साफ़-सुथरे रहने लगे, घर में सफ़ाई रहने लगी।

सरकारी घोषणाएँ अपनी गति से चल रही थीं और उन्हें ध्वस्त करने की साजिशें अपनी गति से। विपक्षी दलों और गाँव के लालची लोगों द्वारा इन व्यवस्थाओं को तहस-नहस करने की गुंजाइशें ख़ामोशी से तलाशी जा रही थीं। जब से सरकार द्वारा गरीबों के लिए दो कमरे के मकान बनवाने की चर्चा थी, आसपास के इलाकों के ठेकेदारों की मानो पौ-बारह। पट्टेशुदा झुग्गियों पर बिल्डरों की दृष्टि गिद्ध की भाँति गड़ गयी थी। देखते-देखते पटवारियों, ग्राम सेवकों, छुटभैये नेताओं द्वारा वहाँ नाप-जोख होने लगी।

दो माह बाद

चुनावों की तारीख़ें मुक़र्रर हो चुकी थीं। मुडखेड़ा गाँव में नेताओं व मीडिया की आवाजाही बढ़ गयी थी। टीवी के ख़बरिया चैनलों पर पार्टियों के प्रवक्ता चिल्ला चिल्लाकर ग़रीब आदिवासियों को दी जाने वाली सुविधाओं का बखान कर रहे थे। विपक्षी उनके सभी दावों को 'सबूत' दिखा-दिखाकर ख़ारिज कर रहे थे। ज्यों-ज्यों चुनाव की तारीख़ें नज़दीक आ रही थीं, ज़ोर-आजमाइशों का दौर चरम पर पहुँच रहा था। विरोधी पार्टियों के नेता इस गाँव में खनन माफ़िया व नक्सलियों के सक्रिय होने और मौजूदा सरकार के विफल होने का दावा भी कर रहे थे। सरकार द्वारा गाँव में दो पक्के शौचालय बनवाये गये थे लेकिन लोग अब भी शौच के लिए जंगल में ही जाते। शौचालय का उपयोग गाँव के रसूखदारों द्वारा गोदाम आदि जैसे कामों के किया जा रहा था। ग़रीब गाँव वाले नये मकानों की प्रतीक्षा कर रहे थे, जिनमें शौचालय घर में ही होगा। ज़िले से कर्मचारियों की एक टीम आकर गाँव वालों को 'घरू शौचालय' का डेमो भी दे गयी थी।

दबी-मुँदी सी ख़बर थी कि जिन ग़रीबों को सरकारी मकान आवंटित होने थे उनके सपनों को उकसाते हुए शातिर बिल्डरों ने तीन-तीन हजार रुपये में उनकी पुरानी झुग्गियाँ ख़रीद लेने का पासा फेंका है और कई लोगों को अग्रिम भुगतान भी कर दिया गया है। कुछ कर्ज़दार मज़दूरों ने अपनी झुग्गियाँ सेठों को बेच दी और समझौता हुआ कि जब तक सरकारी मकान बनकर तैयार नहीं होते वे अपनी इन्हीं झुग्गियों में रहेंगे। कुछ ने अपनी झुग्गियाँ गिरवीं रख बीमारी, ब्याह-शादी जैसे ज़रूरी कामों के लिए सेठ से पैसे ले लिये थे।

पीढ़ियों बाद इस गाँव ने ख़ुशियों का नया चेहरा देखा था। मकान आवंटन में जिन ग़रीब आदिवासियों के नाम दर्ज थे, वे लोग अकसर बनते हुए मकानों को देखने 'शबरी बस्ती' जाते। एक-एक ईंट को चिनते हुए, प्लास्टर होते हुए, खिड़कियों दरवाजों में चौखटें लगते हुए देखना ऐसा लगता था मानो बीस बाई-बाईस का घर नहीं बल्कि महल बनाया जा रहा हो, जिसमें अब वे दरिद्र राज करेंगे।

ग़रीबों के दिन फिरने से लगे। एक तो घरू मकान बनने की आशा से दिल

आह्लादित रहता, दूसरे राशन कार्ड मिलने से बेहद कम मूल्य में ज़रूरी सामान मिल जाता। ग़रीबों का स्तर बढ़ने लगा। इच्छाओं में नन्हे-नन्हे पंख उग आये। इस बीच कई घटनाएँ घट गयीं जैसे चुनाव हो गये। नेताजी जीत गये। गाँव में मिठाइयाँ बँटीं। और नयी नवेली उम्मीदों की नाव सपनों की नदी में उतराने लगी।

लेकिन तभी अचानक ये मनहूस ख़बर हवा की तरह पूरे गाँव में दौड़ गयी कि किसी कारणवश गरीबों के वो मकान बनने पर स्टे लग गया है और अब ये कार्य अनिश्चित काल के लिए रोक दिया गया है। लोग इस ख़बर की सत्यता जानने दौड़े। वे अपने सपनों के मकानों को देखने जाने लगे। वहाँ से 'शबरी बस्ती' का बोर्ड नदारद था। कारीगर गर्डर, ईंट, नसेनी, गिट्टी, तस्सल, सीमेंट और बालू बोरियों में भरकर सामान ढोने वाली गाड़ियों में चढ़ा रहे थे। बिनैकिन बहू भी घूँघट से यह भयानक दृश्य देख रही थी। कभी उधड़ी दीवारों को देखती और कभी वापस लौटते हुए मज़दूरों को।

गाँव में हाहाकार सा मच गया। जिन ठेकेदारों ने गाँव वालों को पक्के मकानों के एवज़ में उनकी झुग्गियों की अग्रिम रकम चुका दी थी, वो उन्हें बाहर निकालने लगे, बल प्रयोग करने लगे। बिनैकिन बहू ने ये सौदा अपनी बेटियों के ब्याह के लिए किया था लेकिन अब तो हालात ही दूसरे हो गये थे। न मकान मिला न बेटियों का ब्याह हो पाया, उलटे सर से छत भी चली गयी। उधर 'सेठ' झुग्गी खाली करने के पीछे पड़ा था। अब नयी छत, नयी ज़मीन कहाँ ढूंढें? ज़मीन के लिए दलाल को घूस देना और फिर नयी झुग्गी बनाना ... दुश्वारियां इफ़रात थीं। तब परचून की दुकान वाले सेठ रघुवर ने कई ज़रूरतमंद गाँव वालों के साथ उसे भी कर्ज़ देने की बात कही। बिनैकिन बहू को राहत मिली लेकिन रघुवर ने एक शर्त रख दी, 'चाची, एक हज़ार उधार तो हम दे देंगे बाकी तुम्हें अपना राशन कार्ड हमारे पास गिरवी रखना पड़ेगा।' उस वक़्त ज़्यादा सोचने-समझने का समय नहीं था। रहने को एक नयी छत का इंतज़ाम करना था, सो मामला राशन कार्ड पर सुलट गया। लेकिन जब बिनैकिन बहू अपना राशन कार्ड रघुवर से वापस लेने गयी तो उसने साफ़ इनकार कर दिया। बिनैकिन ने रघुवर सेठ से बहुत मिन्नतें कीं कि अनाज बहुत महँगा ख़रीदना पड़ रहा है। वो उसे पैसा किस्तों में चुका देगी। उसका राशन कार्ड दे दे लेकिन रघुवर नहीं माना।

इस आपदा से जूझने वाली बिनैकिन बहू इकलौती नहीं थी। जितने दुकानदारों

ने ग़रीबों से राशन कार्ड का सौदा किया था, वे अब धड़ल्ले से राशन की दुकान से बीपीएल मजूरों को मिलने वाला सस्ता अनाज आदि ख़रीदकर अपनी दुकानों पर महँगे में बेच रहे थे। बिनैकिन बद्दू सहित सभी असल कार्डधारियों को अब उन्हीं की दुकानों से महँगा राशन ख़रीदना पड़ता। चौगुना महँगा अनाज लाने के लिए घर में पैसे की दिक़्क़त होने लगी। गाँववालों की स्थिति अजीब थी। पिछले कुछ महीनों में राशन कार्ड मिलने और सरकार द्वारा मकान देने की घोषणा से उनके जीवन में आशा और खुशी का अभूतपूर्व संचार हुआ था और सुखद परिवर्तन आने लगा था। उन्हें अब वापस उसी दरिद्रता में डूब जाना स्वीकार नहीं था अतः कुछ लोग अपने बचे-खुचे जीवन के स्वप्नों को राशन कार्ड बेचकर पूरा करने की जुगत में लग गये। जैसे-जैसे कर्ज़ में दबने लगे, अपराध बढ़ने लगे। दरिद्रता का काला साया फिर गाँव पर मँडराने लगा।

इंतिहा तो तब हुई जब उस दिन एक अधिकारी ने फोन पर गाँव के सरपंच को ये ख़बर दी कि 'नेता जी अपनी जीत का धन्यवाद देने गाँव में आने वाले हैं। सभी को अपना राशन कार्ड साथ में लाना है, राशन कार्ड के साथ फोटो खिंचेगी ...। फिलिम बनेगी और हाँ सबको हँसते हुए फोटो खिंचाना है। टीवी पर सबको दिखाया जायेगा। धुले साफ़ कपड़े पहनकर आयें। मंत्री जी सबको इनाम भी देंगे।' लेकिन जब सरपंच को गाँव वालों द्वारा राशन कार्ड बेचने या गिरवी रखने के बारे में मालूम हुआ तो वो चिंतित हो गया और कोई जुगत भिड़ाने लगा।

अगले दिन 'शबरी बस्ती' का उखड़ा हुआ बोर्ड फिर यथास्थान लगा हुआ था। बस्ती के लोगों को एक-एक गुलाबी राशन कार्ड फोटो खिंचाने के लिए दे दिया गया था। शबरी बस्ती की सूखी बंजर धरती पर फटेहाल और भूख से बेहाल औरत, मर्द और बच्चे कतारबद्ध अपनी छाती से गुलाबी राशन कार्ड चिपकाये खड़े थे।

बेदाग़ सफ़ेद खादी के पायजामे-कुरते में नेताजी मुस्कुराते हुए अभिवादन कर रहे थे। सब को 'शबरी' बस्ती के अधबने मकानों के बीच खड़ा करके उनकी तस्वीरें खींची गयीं। चैनल के एंकर से नेता जी द्वारा शबरी बस्ती के इस प्रोजेक्ट पर काम चलने की बात की गयी। कैमरे चमक रहे थे तभी किसी औरत के ज़ोर-ज़ोर से चीख़ने की आवाजें आने लगीं। तमाम सरकारी अमला और गाँव वाले हतप्रभ रह

गये। बिनैकिन बहू मकानों की अधूरी दीवारों के बीच एक घासलेट का डिब्बा सर पर उड़ेलते हुए बहराई हुई ज़ोर-ज़ोर से चीख़ रही थी। उसकी दोनों बेटियाँ रो-रोकर उसे शांत करने की कोशिश कर रही थीं ...। 'भारत माता की जय ... नेताजी की जय ... शबरी बस्ती की जय।' बिनैकिन बहू लगातार चीख़ रही थी। आँखों में आँसू की एक बूँद नहीं और चेहरा तमतमाया हुआ। आज उसके माथे पर कोई घूँघट नहीं था ... न कोई शर्म लिहाज़...।

नीरज नीर

कोयला चोर

गणेश महतो को ग़रीबी विरासत में मिली थी। झारखंड के रामगढ़ ज़िले में जहाँ उसका गाँव था, प्रचुर मात्रा में कोयले की उपलब्धता थी। कोयला कंपनी द्वारा कोयला निकालने के बाद परित्यक्त खदानों से लोग अनधिकृत रूप से कोयला निकालते थे और उसे साइकिल पर लाद कर दूर के बाज़ारों में बेचते थे। कई लोगों की यही रोज़ी थी। काम मेहनत का था लेकिन घर चलाने का इंतज़ाम हो जाता था। वैसे अपनी बेहद ख़राब आर्थिक स्थिति के बावजूद उसके पिता ने कभी कोयले से अपने हाथ काले नहीं किये।

उसके पिता रामचरित्तर महतो एक स्थानीय मारवाड़ी की दुकान में नौकर थे। सुबह दस बजे से रात दस बजे की कठिन ड्यूटी के बाद वेतन सिर्फ़ इतना मिलता था कि किसी तरह से परिवार को दो जून की रोटी मिल पाये। लेकिन अनेक परेशानियों के बावजूद न वे ख़ुद टूटे और न उन्होंने कभी ईमानदारी का आदर्श अपनी ज़िन्दगी में टूटने दिया। गणेश महतो की परवरिश इन्हीं आदर्शों के बीच हुई थी।

आर्थिक तंगी की वजह से गणेश महतो मैट्रिक से आगे नहीं पढ़ पाया था। मैट्रिक तक भी किसी तरह ही पढ़ाई हो पायी थी। वह भी दोपहर को मिलने वाले मध्याह्न भोजन के चक्कर में। उसकी माँ सभी बच्चों को जबरन स्कूल पहुँचा दिया करती थी।

सरकारी स्कूलों में आजकल पढ़ाई का जो हाल है, उसमें कोई बच्चा आख़िर पढ़े भी तो कैसे? हेड मास्टर साहब कई सालों तक स्कूल की बिल्डिंग बनवाने में ही व्यस्त रहे थे। उसी में सीमेंट, बालू का हिसाब-किताब रखते बेचारे की हालत ख़राब रहती

थी। उस पर भी कुल मिलाकर उनको घाटा ही हो गया था। उनको अपनी भविष्य निधि से निकाल कर पैसा भरना पड़ा था। विभागीय कार्रवाई जो हुई सो अलग। आख़िर हेड मास्टर साहब ठेकेदार तो थे नहीं, जो उन्हें निर्माण कार्य की बारीकियाँ मालूम रहतीं। दुकानदार से लेकर मिस्त्री, मजदूर सभी ने उनको ठगा।

विद्यालय के शिक्षकगण दूर बड़े शहर में रहते थे। उनके बच्चे भी बड़े शहर में पढ़ते थे, तो उन्होंने अपना डेरा बड़े शहर में ही रखा हुआ था। सरकारी स्कूलों की हालत वहाँ के शिक्षकों से बेहतर भला किसे पता होती? ऐसे में, कोई शिक्षक अपने स्कूल में अपने बच्चों को पढ़ाकर उनका भविष्य ख़राब करने का जोखिम कैसे लेता? बड़े शहर से रोज़ आते-जाते मास्टर साहबों को इतनी थकान हो जाती थी कि उस छोटे से कस्बे के बच्चों को पढ़ाने के प्रति बेचारे जागरूक नहीं रह पाते। दोपहर में बच्चों के लिए बनाये गये मध्याह्न भोजन का ख़ुद भोग लगाने के बाद ज़रा सी झपकी लगती नहीं कि छुट्टी का समय हो जाता।

ख़ैर, इस बात से कहानी को ज़्यादा मतलब नहीं है कि देश में सरकारी शिक्षा व्यवस्था का क्या हाल है। कहानी यहाँ से शुरू होती है कि गणेश महतो की पढ़ाई-लिखाई अच्छे से नहीं हुई थी। जब पढ़ाई-लिखाई अच्छे से नहीं हुई थी तो कोई ढंग का काम या नौकरी मिलने का तो प्रश्न ही उत्पन्न नहीं होता था। इसलिए गणेश महतो बेरोज़गार था। लेकिन बेरोज़गारी अपने देश में शादी के लिए कोई बहुत बड़ी बाधा नहीं है। दहेज की सुस्थापित परंपरा से लड़कियों के पिता इतने भयाक्रांत एवं पीड़ित रहते हैं कि वे किसी भी तरह से अपनी लड़कियों के हाथ पीले करके छुटकारा पाना चाहते हैं। ऐसे ही छुटकारा पाने के एक प्रयत्न में बेरोजगार गणेश महतो का ब्याह सुनीता देवी से हो गया। नाम तो उसका सुनीता कुमारी था पर शादी के उपरांत वह देवी बन गयी थी।

शादी के पहले तक तो गणेश महतो के जीवन की गाड़ी किसी तरह से खिंच रही थी। घर में जो कुछ मिलता खा लेता, कुछ भी पहन लेता। कोई काम करने का दबाव उस पर नहीं था और ना ही उसने अभी तक ऐसी कोई योजना ही बनायी थी पर शादी के बाद उसकी जवाबदेही तय होने लगी। खुला बछड़ा मानो हल में जोत दिया गया हो। पत्नी ने सुहागरात के दिन उसे छूने के लिए व्यग्र गणेश महतो से पहले यह

प्रतिज्ञा करवा ली थी कि वह धन उपार्जन की कोशिश करेगा। यद्यपि सुहागरात के दिन कामांध गणेश महतो को अपनी प्रतिज्ञा की गंभीरता का कोई ख़ास भान नहीं था, लेकिन दूसरे दिन से ही सुनीता देवी ने उसे बार-बार स्मरण दिलाना प्रारंभ कर दिया। रात तो रोज़ ही आती थी और रोज़ ही गणेश महतो सुनीता देवी को छूने के लिए तड़प रहा होता था। एक दिन सुनीता देवी ने जब उसे घुटने से ऊपर बढ़ने ही नहीं दिया तो उसे इस पर विचार करने के लिए विवश होना पड़ा।

गणेश महतो की योग्यता के अनुसार कोई बड़ा काम तो उसे मिलने वाला था नहीं। घर में पूँजी के नाम पर एक धेला नहीं था कि जिससे कोई व्यवसाय आदि किया जा सके। आज तक बाप की कमाई पर पलता आया था। अंततः उसने भी वही काम चुना जो उसके पिता दशकों से करते आ रहे थे। एक मारवाड़ी की दुकान में उसे सेल्समेन की नौकरी मिल गयी। ड्यूटी सुबह के दस से रात के दस बजे तक। यद्यपि उसे अपने पिता की नौकरी कभी पसंद नहीं थी पर मरता क्या न करता, उसने यह नौकरी सहर्ष स्वीकार कर ली। इस नौकरी से उसे एक फ़ायदा यह हुआ कि रात में जब वह घर वापस लौट कर जाता था तो शयन कक्ष में उसे सुनीता देवी का संसर्ग आसानी से उपलब्ध हो जाता था।

दिन धीरे-धीरे बीतने लगे। इतनी लंबी और थकाऊ ड्यूटी के बावजूद गणेश महतो को वेतन के रूप में मिलने वाली राशि इतनी कम थी कि उससे घर की सामान्य ज़रूरतें भी पूरी नहीं पड़ती थीं। लेकिन वह एक ईमानदार व्यक्ति था। उसके जीवन में चोरी, बेईमानी, छल के लिए कोई जगह नहीं थी और इसीलिए वह अपने मालिक का बहुत प्रिय भी बन गया। लेकिन किसी का प्रिय बनने से तो घर में रोटी आती नहीं है। दुकान के अन्य कर्मचारी मालिक की आँख बचा के कुछ न कुछ उलटा सीधा काम करके कुछ अतिरिक्त कमा लेते थे लेकिन गणेश महतो को यह कभी स्वीकार्य नहीं था। घर में रोजमर्रा की ज़रूरतें भी कभी पूरी नहीं हो पाती थीं।

शादी के बाद गणेश महतो अपने माँ-बाप से अलग अपनी पत्नी के साथ रहने लगा था। इसी बीच सुनीता देवी दो बेटियों की माँ बन गयी लेकिन उसके बाद से उसकी तबीयत लगातार ख़राब रहने लगी थी। बच्चियाँ भी कमज़ोर पैदा हुईं थीं, अतः वे भी बीमार ही पड़ी रहतीं। डॉक्टर से दिखाने की सामर्थ्य तो थी नहीं, एक होमियोपैथ

डॉक्टर के सहारे परिवार के स्वास्थ्य की गाड़ी खिंच रही थी। ऐसा नहीं कि वहाँ सरकारी अस्पताल नहीं था, लेकिन सरकारी अस्पताल की हालत सरकारी विद्यालय से भी ख़राब थी। सरकारी विद्यालय में तो बच्चों की शिक्षा ही ख़राब होती थी, सरकारी अस्पताल के इलाज के बाद तो जान पर ही बन आती थी। अव्वल तो डॉक्टर साहब रहते नहीं थे और उनकी अनुपस्थिति में कम्पाउंडर, ड्रेसर, नर्स और कभी-कभी तो सफ़ाईकर्मी भी उनका काम देखता था और अगर डॉक्टर साहब रहे भी तो उनके द्वारा देखे गये मरीज़ का भगवान ही मालिक था। कुछ लोग तो कहते थे कि डॉक्टर साहब मेडिकल प्रवेश परीक्षा में जीरो नंबर लाये थे फिर भी उनका एडमिशन हो गया था। इसलिए सरकारी अस्पताल में इलाज से बेहतर यही था कि होमियोपैथी की गोलियाँ खायी जायें।

ग़रीब के घर में बीमारियाँ ऐसे मेहमान की तरह आती हैं जो जाने का नाम नहीं लेती हैं, स्थायी घर बना कर बैठ जाती हैं। गणेश महतो के घर में भी बीमारियों ने स्थायी डेरा डाल लिया था। सुबह से देर रात की नौकरी के बीच गणेश महतो के लिए परिवार की देखरेख करना मुश्किल हो रहा था। बच्ची बीमार रहती तो उसे डॉक्टर के पास ले जाने का भी वक़्त नहीं था। वैसे उसका मालिक बुरा नहीं था। वह दान-धर्म में यक़ीन रखने वाला आदमी था। उसके यहाँ से कोई ब्राह्मण कभी खाली हाथ लौट कर नहीं जाता था। लेकिन वह अपने कर्मचारियों से बहुत कड़ाई से काम लेता था। किसी ने कभी ज़रूरत के काम से भी छुट्टी की तो उस दिन का उसका वेतन कट जाता था और नौकरी से निकाल देने की धमकी जो मिलती सो अलग से। एक तो कम वेतन उस पर से किसी दिन नहीं आने पर वेतन कट जाने का जोखिम गणेश महतो नहीं ले सकता था। बैल की तरह बारह घंटे काम करने के बाद भी तो मुश्किल से घर चल पा रहा था। एक दिन का वेतन कट जाने का मतलब था एक दिन भूखे सोना।

घर की परेशानी घटने का नाम नहीं ले रही थी। ना दो वक़्त का भोजन अच्छे से मिल पा रहा था और न ही तन पर कपड़ा नसीब था। बीमारियाँ छोड़ने का नाम ही नहीं ले रही थीं। परेशानियों से उबरने का कोई रास्ता नहीं दिख रहा था। किसी से मदद मिलने की भी कोई उम्मीद नहीं थी।

जब दुःख अत्यधिक बढ़ गया तो सुनीता देवी ने एक दिन गणेश महतो से कहा 'इस तरह से मारवाड़ी की दुकान में नौकरी करने से जीवन कैसे चलेगा?'

'तो मैं क्या करूँ, तुम्हीं बताओ? मैं ज़्यादा पढ़ा-लिखा तो हूँ नहीं। मुझे कौन नौकरी देगा?' गणेश ने कहा।

'नौकरी ही सब कुछ होता है क्या? अपना काम क्यों नहीं करते।' सुनीता देवी ने कहा।

'अपना काम? अपना काम करने के लिए पैसे चाहिए। पैसे कहाँ हैं अपने पास? घर में भूंजी भांग नहीं और सराय में डेरा।' गणेश ने बिदकते हुए कहा।

'मैं अपनी दुकान खोलने के लिए नहीं कह रही हूँ, जिसमें बहुत पैसे लगेंगे।' सुनीता ने कहा।

'तो फिर?' गणेश ने आश्चर्य से सुनीता को घूरते हुए पूछा।

'वही जो गाँव के सारे लोग कर रहे है। साइकिल पर कोयला लादकर, रांची ले जाकर बेचना।' सुनीता ने समझाते हुए कहा।

'तो तुम चाहती हो कि मैं भी गाँव के अन्य लोगों की तरह कोयला चोर बन जाऊँ। मेरे पिताजी ने भी कभी यह काम नहीं किया। उनकी ज़िन्दगी भी तो निकल गयी। हमारी भी निकल जायेगी।' गणेश ने फुंफकारते हुए कहा।

'पिताजी का वक़्त कुछ और था। उनका समय गुज़र गया। लेकिन हमारा तो नहीं ग़ुजर रहा है। उनका सस्ती का ज़माना था। आजकल इतनी महँगाई है। जो कमाकर लाते हो उससे अच्छे से दो वक़्त का खाना ही नहीं जुटता है। जी सिहाता है कि कभी पर्व त्यौहार पर नये कपड़े पहनूँ। दोनों बच्चे बीमार ही रहते हैं। कभी अच्छे से इलाज नहीं हो पा रहा है, उनको कभी कुछ हो गया तो मैं भी ना जी पाऊँगी। इतना याद रखना तुम। वैसे भी मेरी तबीयत ठीक नहीं रहती। कब से सोच रही हूँ कि किसी डॉक्टर से दिखा लूं। लेकिन यहाँ रोटी पर कभी नमक तो पूरा ही नहीं पड़ रहा है, डॉक्टर और दवाई कहाँ से मिले? इससे तो अच्छा होता मैं अपनी बेटियों के साथ मर जाती। जब हम सब मर जायेंगे तो अपने पिताजी के आदर्श की माला बना कर पहनना।' सुनीता ने आज अपने दिल की भड़ास निकलते हुए कहा।

बच्चों के मरने की बात सुनकर गणेश महतो परेशान हो उठा।

'लेकिन अपने पास साइकिल कहाँ है?' उसने बात को टाल देने की नीयत से कहा।

'तुम्हारे पिताजी के पास है न एक पुरानी साइकिल, उसे माँग लो। कुछ दिनों की तो बात है। वे मना थोड़े ही न करेंगे। फिर जब पैसे हो जायेंगे तो कहीं से एक पुरानी साइकिल ख़रीद लेना।' सुनीता ने समझाते हुए कहा।

'पिताजी की साइकिल! उनके पास तो एक ही साइकिल है, वह भी बीस पच्चीस साल पुरानी, उसी से तो वे काम पर जाते हैं और घर का सारा काम करते है। मैं उसे माँग लूँगा तो वे क्या करेंगे।' गणेश ने कहा।

'अरे मैं कौन सा हमेशा के लिए उनसे साइकिल लेने के लिए कह रही हूँ। कुछ दिनों के लिए ही तो कह रही हूँ। कुछ दिनों तक वे बर्दाश्त नहीं करेंगे क्या? आख़िर पिता हैं तुम्हारे।' सुनीता ने कहा।

गणेश क्या करता! वह बच्चों को खोने के नाम पर भावनात्मक रूप से हिल गया था। वह अपने लिए कोई भी कष्ट उठा सकता था लेकिन अपने बच्चों और पत्नी को इस तरह मरने कैसे दे सकता था! उसे लगा एक बार सुनीता का कहा मान लेने में कोई हर्ज नहीं है। आख़िर पुण्य और पाप क्या भगवान नहीं देखता है? उसने अपने जानते हुए में कोई पाप कर्म नहीं किया था लेकिन फिर भी भगवान उसे ही कष्ट दे रहा है। क्या भगवान इंसान की मजबूरी नहीं समझेंगे? उसके दोस्त जो उसके साथ ही पढ़ते थे। पढ़ते क्या थे, उसके साथ स्कूल में एक ही कक्षा में थे, पढ़ाई तो वहाँ कभी हुई नहीं और जो बाद में कोयला ढोने का काम करने लगे थे, सबने पक्का मकान बना लिया था। जबकि उसका मकान कच्चा था और बरसात में उसका छप्पर चूता था। उसके सभी दोस्त ऐश मौज करते थे, दारू पीते थे जबकि वह स्वयं कभी भी कोई शौक-मौज नहीं करता था। लेकिन अब क्या वह अपने बच्चों को इस तरह तड़पते हुए मरने दे सकता है? नहीं-नहीं अपने परिवार की रक्षा करना तो उसी का कर्त्तव्य है और इस रक्षा के लिए फिलवक़्त जो उपाय उसे दिख रहा था, वह यही कि अपने दोस्तों की तरह वह भी कोयला ढोया करे। और इसमें चोरी जैसा भी तो कुछ नहीं है, सैकड़ों लोग इस काम में लगे हैं। यह भी तो एक तरह का काम ही है। दिन के उजाले में पुलिस वालों के सामने ही तो सारा काम होता है। कंपनी वाले तो आख़िर वहाँ से कोयला निकाल नहीं रहे। अगर वे नहीं निकालेंगे तो कोयला वैसे ही रह जायेगा। इस तरह सोचकर उसने अपने मन को मजबूत किया और सुनीता की सलाह पर अमल करने का निश्चय किया।

यद्यपि बचपन से मिले संस्कार उसे बार-बार अपने निश्चय से डिगा रहे थे। वह यह सोचकर लज्जित हो रहा था कि लोग उसके बारे में न जाने क्या सोचेंगे। जैसे ग़रीब आदमी जब नया कपड़ा पहनता है तो उसे लगता है कि सारी दुनिया उसे ही देख रही है। गणेश महतो को भी ऐसा ही प्रतीत हो रहा था कि जब वह साइकिल पर कोयला ढोकर ले जाएगा तो बाज़ार के सारे लोग घूम-घूम कर उसे ही देखेंगे।

रात को वह ठीक से सो भी नहीं पाया। जरा सी नींद आती और उसे लगता कि वह साइकिल पर कोयला लादे ले जा रहा है और कोयले के वज़न से साइकिल को खींच नहीं पा रहा है। वह अकबका कर उठ कर बैठ जाता। कभी उसे लगता पुलिस वाले उसे पकड़ रहे है। वह घबराकर पसीने से तरबतर हो जाता।

एक दिन उसने अपने पिता से उनकी साइकिल माँग ली और उसकी आशा के विपरीत उन्होंने उससे कुछ भी नहीं पूछा। शायद उसके पिता अंतर्यामी थे, जिन्होंने उसके मन की बातें समझ ली थीं। उसने ऐसा सोचा। आख़िर बाप अपने बच्चे की पीड़ा नहीं समझेगा तो कौन समझेगा? पिताजी की साइकिल भी उन्हीं की तरह जर्जर थी। चक्कों में जंग लगा था और वे कोयले का भारी वजन ढोने के काबिल नहीं थे।

उसके कई दोस्त साइकिल पर कोयला लादकर रांची ले जाने का काम करते थे। उनसे बात करके उसने आवश्यक तैयारी शुरू कर दी। साइकिल पर सामान्य से बहुत बड़े एक कैरियर की ज़रूरत थी जिसे उसने एक वेल्डर के यहाँ से दो सौ रुपये की उधारी में बनवा लिया था। साइकिल के चक्के के लिए नये रिम की ज़रूरत थी, उसे भी उधारी में कसवाया गया एवं उधार के चार सौ रुपये कमाई के बाद देने का वादा किया गया। इसके अतिरिक्त छोटे-छोटे बोरों एवं कोयले के बोरों को साइकिल पर बाँधने के लिए रस्सी की ज़रूरत थी, जिसका इंतजाम दोस्तों से माँग के कर लिया गया।

लेकिन सिर्फ़ इतने भर के इंतजाम से काम होने वाला नहीं था। असल चुनौती तो इसके बाद थी। कोयला खोद कर निकालना, उसे साइकिल पर लादना एवं बाज़ार में ले जाकर बेचना इतना भी सरल नहीं था। इस राह में अनेक व्यवस्था से संबंधित काँटे थे, जिनसे निपटना पड़ता था।

जिस परित्यक्त खदान से कोयला निकाला जाता था, वहाँ मतीन अंसारी गैंग की गुंडागर्दी चलती थी। अगर किसी को कोयला निकालना है तो प्रत्येक साइकिल पर

पचास रुपये उसे पहले देकर पर्ची कटवानी पड़ती थी। उसके बाद आते थे कोयला कंपनी के कर्मचारी, उनको भी चढ़ावे में प्रति साइकिल पचास रुपये चढ़ाना पड़ता था। उसके बाद आती थी पुलिस। पुलिस तो सार्वभौमिक रूप से सत्ता की प्रतीक है। उसे मिलाये बगैर तो इस देश में कोई काम ही संभव नहीं था। भारत में जो दो बातें सार्वभौमिक कही जा सकती है, उसमें एक तो है ईश्वर के प्रति लोगों का विश्वास और दूसरी पुलिस की शक्ति। भारतवर्ष में ऐसा कोई काम नहीं है, जहाँ भारतीय पुलिस का हस्तक्षेप न हो। इस प्रकार से पुलिस के लिए भी प्रति साइकिल पचास रुपये तय थे। यह तो हुआ खदान से कोयला निकालने का ख़र्च। इसके अतिरिक रास्ते में पड़ने वाले पुलिस थानों के लिए बीस रुपये प्रति साइकिल का रेट तय था।

सारी तैयारियों की भागमभाग में गणेश महतो ने दुकान की अपनी नौकरी छोड़ दी। पास में नगदी कुछ थी नहीं इसलिए उसने कोयला निकालने एवं उसे बेचने तक में आने वाले ख़र्चे के लिए ढाई सौ रुपये का कर्ज़ अपने एक दोस्त से लिया। साइकिल बनवाने में पहले ही छह सौ रुपये की उधारी हो चुकी थी। इस प्रकार से साढ़े आठ सौ रुपये की उधारी काम शुरू होने के पहले ही उसके माथे पर चढ़ चुकी थी। लेकिन इससे क्या? एक बार कोयला निकाल कर अगर रांची पहुँचा आया तो एक हज़ार रुपये मिलने वाले थे। इस प्रकार सभी उधार चुकता कर देने के बाद भी डेढ़ सौ रुपये की बचत होनी थी।

कोयला निकालने वाले बहुत सवेरे चार बजे के आसपास ही काम पर निकल जाते थे ताकि धूप कड़ी होने से पूर्व वे खदान से बाहर निकल आयें। कोयला ढोने का सामान्य तरीका ये था कि एक दिन कोयला निकाला जाता था और दूसरे दिन उसे ढोकर बाज़ार में पहुँचाया जाता था। कभी-कभी इसमें दो दिन भी लग जाते थे। जिन लोगों का पूरा परिवार इस काम में लगा हुआ था, उन लोगों का काम बँटा हुआ था। औरतें एवं उम्रदराज लोग कोयला निकालते और जवान लोग साइकिल पर ढोकर उसे ले जाते थे। पर गणेश महतो को तो कोयला भी ख़ुद निकालना था और उसे ढोना भी ख़ुद था।

जिस दिन गणेश महतो अपने नये काम के लिये निकला, सुनीता देवी बहुत ख़ुश थी। यद्यपि कि वह बीमार थी लेकिन उसके चेहरे पर ख़ुशी के भाव परिलक्षित हो रहे

थे। बीमारी से पीले पड़े चेहरे पर क्षीण मुस्कान तैर रही थी। उसे लग रहा था कि अब उसकी सारी परेशानियाँ हल होने वाली हैं। अच्छे दिन बस आने ही वाले हैं। उसने भगवान से प्रार्थना की कि उसके पति को अपने काम में सफलता मिले।

मतीन अंसारी के गुर्गों ने खदान में घुसने से पहले पचास रुपये वसूल लिये। फिर कोयला कंपनी के लोगों ने भी अपनी वसूली कर ली। उसके बाद बारी आयी पुलिस की। पुलिस के एक सिपाही के पास डायरी थी, जिसमें बाक़ायदा कोयला चोरों के नाम लिखे थे। उसमें एक नये कोयला चोर का नाम दर्ज कर लिया गया – 'गणेश महतो'। अपना नाम दर्ज कराते हुए गणेश महतो पानी-पानी हो गया। उसे ऐसा लग रहा था कि भरी भीड़ में उसे नंगा कर दिया गया हो। पुलिस वाले ने भी अपनी वसूली कर ली। इस प्रकार कोयला छूने के पहले ही 150 रुपये की पूँजी लग गयी।

कोयला निकालते-निकालते गणेश महतो की हालत पस्त हो गयी थी। यद्यपि कि वह मारवाड़ी की दुकान में बहुत मेहनत से काम करता था लेकिन दुकान में काम करना एवं कोयला निकालने में बहुत अंतर था। किसी तरह उसने कोयला निकालकर बोरों में भरा एवं दोस्तों की सहायता से साइकिल पर लाद लिया। लेकिन तीन सौ किलो कोयला साइकिल पर लादकर खींचना कोई हँसी खेल नहीं था। एस्केलेटर्स एवं लिफ्ट्स के द्वारा बिना श्रम के ऊपर पहुँच जाने वाले इसे नहीं समझ सकते।

घर पहुँचते-पहुँचते गणेश महतो थक कर निढाल हो चुका था। कल कोयला लेकर रांची जाना था। उसने कोयला लदी साइकिल को घर की दीवार से टिका कर रख दिया और वहीं खटिया पर गिर पड़ा। खटिया पर गिरते ही उसे गहरी नींद आ गयी।

शाम होते-होते उसकी देह बुख़ार से ऐसे तप रही थी जैसे जेठ की गर्मी में टीन की छत तपती है। जोड़-जोड़ दर्द से टूट रहा था। उसकी आँखें नहीं खुल रही थीं। मुँह सूख रहा था। वह पानी भी नहीं पी पा रहा था। उसकी पत्नी परेशान हो उठी। वह तो बेचारी स्वयं बीमार थी। बेटी अलग से बीमार थी और अब पति बुख़ार से तप रहा है, वह क्या करे। पर औरत में बहुत हिम्मत होती है। वह आसानी से हिम्मत नहीं हारती है।

अपनी बीमारी को भुलाकर वह दवा की दुकान से दवा ले आयी। उसने उसको दवा खिलायी और माथे पर हाथ फेरा। कुछ देर के बाद गणेश महतो को राहत महसूस हुई लेकिन कमज़ोरी बहुत थी। अगले दिन बुख़ार तो कम हो गया पर चलने-फिरने की

भी ताक़त नहीं थी। कोयला लदी साइकिल दीवार के सहारे वैसे ही उदास खड़ी थी। गणेश महतो को लगा मानो साइकिल उसे अपनी ओर बुला रही है। उसने आगे बढ़कर साइकिल को छुआ, उसे सहलाया जैसे कोई छोटे बच्चे को सहलाता है। कोयले का रंग उसके हाथों में आ गया था। उसे हँसी आ गयी। कोयले की दलाली में हाथ काले हो जाते हैं, उसने सुन रखा था। एक दिन और इसी तरह बिना कमाये बीत गया। जब से मारवाड़ी की नौकरी छोड़ी थी तब से सात दिन बीत चुके थे। कमाई कुछ नहीं पर उधारी हो चुकी थी। बुख़ार होने के तीसरे दिन उसने हिम्मत जुटायी और मन बनाया कि कल वह कोयला लेकर रांची जाएगा।

उस दिन जाने वाले मित्रों से रात में ही उसने बात कर ली। कोयला ले जाने वाले सुबह छह बजे निकल जाते थे ताकि कड़ी धूप होने से पहले ज़्यादा दूरी तय कर ली जाये। वहाँ से रांची की दूरी पचास किलोमीटर थी एवं तीन क्विंटल कोयला साइकिल पर लादकर उसे खींचना न केवल कठिन श्रम का काम था बल्कि एक बहुत बड़ी कला भी थी। ऊपर से रास्ते में चढ़ाई थी, जिसमें करीब दस किलोमीटर तो घाटी से होकर गुजरना पड़ता था। उसके दोस्त कहते थे कि 'बाबू कलेजा के ज़ोर से साइकिल खिचायला'। लेकिन गणेश महतो के दोस्तों के लिए तो यह रोज़ का काम था। इधर से साइकिल पर कोयला लेकर जाना और उधर से खाली साइकिल को बस, ट्रक या ट्रेकर में लाद कर ले आना। गणेश महतो के दोस्तों ने उसे हिम्मत दिलायी कि रास्ते में वे उसकी मदद भी कर देंगे।

सुबह छह बजे गणेश महतो अपने घर से कोयला लेकर निकला। वह बड़ी मुश्किल से साइकिल सँभाल पा रहा था। सुनीता देवी ने रूमाल में बाँध कर रात की बची हुई रोटी और नमक दे दिया था, जिसे उसने एक प्लास्टिक बैग में साइकिल पर रख लिया था।

'हिम्मत करो बेटा, खींचो, लगाओ ज़ोर ...।' जो उम्र में बड़े थे वे गणेश महतो को उत्साहित कर रहे थे।

शुरुआती एक-एक घंटे तो उसने किसी तरह साइकिल खींची। जो पुराने खिलाड़ी थे, वे तो जब कहीं ढाल मिलती तो साइकिल पर बैठकर लुढ़क भी लेते थे। लेकिन गणेश के लिए तो साइकिल सँभालना ही मुश्किल हो रहा था। कभी साइकिल बायें

भागती तो कभी दायें। अभी मुश्किल से पाँच-छह किलोमीटर ही चल पाया था कि गणेश महतो के हाथ-पैर जवाब देने लगे। उसने साइकिल खड़ी की और धम्म से वहीं सड़क किनारे एक पत्थर पर बैठ गया। उसके साथी आगे निकल गये थे। काफ़ी देर हो जाने पर उसके साथियों को अहसास हुआ कि वह पीछे छूट गया है। उसके साथी वही रुक गये। ऐसे भी थोड़े समय के बाद सभी एक जगह रुक कर सुस्ता ही लेते थे।

गैस का प्रचलन बढ़ने एवं गैस के उपयोग की सुविधा के कारण धीरे-धीरे शहर में कोयले का उपयोग कम होने लगा है। इसलिए महँगाई में बेहताशा वृद्धि के बावजूद कोयले के दाम में वृद्धि नहीं हुई है। कोयला में लगने वाले निवेश की तुलना में उससे प्राप्त आय कम होती गयी है लेकिन जिनके पास आय का कोई और साधन नहीं है वे क्या करें, लगे हैं इसी काम में।

थोड़ी देर बाद गणेश महतो ने फिर हिम्मत जुटायी, उसने साइकिल का हैंडल सँभाला और कलेजे के दम पर साइकिल को खींचने लगा। लेकिन बुख़ार से टूटा हुआ शरीर कितना साथ दे पाता? जहाँ उसके साथी रुके थे वहाँ पहुँच कर वह फिर से रुक गया। उसके साथी जो काफ़ी देर से वहाँ उसकी प्रतीक्षा कर रहे थे, अब वहाँ रुकने के लिए तैयार नहीं थे। सबने उसे हौसला दिया और आगे चलने को कहा। वहाँ से चढ़ाई बिलकुल खड़ी थी। उसे भूख लग रही थी। उसके जी में आया कि वह रूमाल में रखी हुई रोटियाँ खा ले। लेकिन अभी तो सुबह के सात ही बजे थे। अभी खा लेगा तो बाकी दिन का क्या होगा? यह सोचकर उसने रोटी खाने का इरादा छोड़ दिया। ग़रीब आदमी को रोटी भी सोचकर खानी पड़ती है। अमीर आदमी को खाने के बाद उसे पचाने के लिए सोचना पड़ता है।

उसने थोड़ा सा पानी पीया और फिर से साहस किया। चढ़ाई में साइकिल खींचने में बहुत मुश्किल हो रही थी। उसे बार-बार टेक लेना पड़ रहा था। टेक बाँस का एक मोटा डंडा होता है, जिसके सहारे कोयला लदी साइकिल खड़ी की जाती है। एक घंटा उसने फिर से साइकिल खींची। चढ़ाई का अंतिम दौर ही था। बाकी साथी चढ़ाई पार कर चुके थे। कुछ आगे बढ़ गये तो कुछ लोग उसकी प्रतीक्षा कर रहे थे। वह साइकिल खींचते हुए अब बुरी तरह हाँफ रहा था। उसके शरीर में ख़ून के दौड़ने की गति बहुत तेज़ हो गयी थी। अचानक उसे चक्कर आया और साइकिल पर से नियंत्रण छूट गया।

वह गिर पड़ा और साइकिल उसके ऊपर आ गयी। कुछ देर बाद उसके साथी उसे ढूंढते हुए वहाँ आ पहुंचे। उन्होंने उसे उठाया, साइकिल किनारे खड़ी की और उसे पानी पिलाया। वह बुरी तरह घायल था और ठीक से चलने की स्थिति में भी नहीं था। उसके साथियों ने उससे सलाह करके यह तय किया कि अब उसका कोयला वहीं बेच देना उचित है। कोयले को साइकिल से उतार कर सड़क के किनारे रख दिया गया। उसके साथी अपनी साइकिलें लेकर आगे निकल गये।

वह वहीं किनारे पड़े एक पत्थर पर बैठ गया एवं किसी ग्राहक का इंतज़ार करने लगा। वहीं बैठकर उसने अपना रूमाल खोला और नमक के साथ रोटी खाकर, पानी पीया। काफ़ी देर तक वहाँ बैठे रहने के बावजूद कोई ग्राहक नहीं आया।

थोड़ी देर में उसे नींद आ गयी, उसने सपने में देखा कि वह अपने कोयले को रांची पहुँच कर बेच चुका है और उससे मिले पैसे को सँभाल कर अपनी पैंट की भीतरी जेब में रखने की कोशिश करता है। लेकिन यह क्या! वहाँ तो उसकी जेब ही नहीं ...। वह बार-बार अपनी जेब ढूंढता है लेकिन वहाँ जेब ही नहीं है। वह परेशान हो उठता है, कहीं रास्ते में वह पैसा खो ना दे फिर जब सुनीता पूछेगी तो वह क्या जवाब देगा। और इसके बाद घबराहट में उसकी नींद टूट गयी।

उसने देखा कि एक ट्रक खड़ा है और उसका ड्राइवर वहाँ खड़े होकर कोयले को देख रहा है।

'ए केतना में देगा कोयला।' ड्राइवर ने पूछा

'आप ही बताइए केतना दीजिएगा।' उसने कहा।

उसको इस बात का अंदाज़ा नहीं था कि रांची पहुँचने से पहले बीच रास्ते में उसके कोयले का कितना दाम मिलेगा। इसलिए उसने सोचा कि बेहतर है ख़रीदार से ही दाम का अंदाज़ा लगा लिया जाए।

'ले लो दू सौ रुपया।'

'दू सौ रुपया में एतना कोयला मिलता है, ऐसा काहे बोल रहे हैं?'

'तब केतना में देगा बोलो?'

'आठ सौ रुपया लगेगा।'

'पगला है का रे, आठ सौ कौन देगा तोरा इसका?'

'रांची लेकर जायेंगे तो एक हज़ार मिलेगा।'

'तो ले जाओ रांची इहाँ काहे डेरा गाड़ले है।'

ड्राइवर वहाँ से मुड़कर जाने लगा। गणेश को लगा वह सही में चला न जाये। वहाँ बैठे उसे काफ़ी देर हो चुकी थी। अगर शाम तक कोयला नहीं बिका तो वह क्या करेगा? वह सोचकर परेशान हो गया। गिरने के बाद उसके पैरों में काफ़ी चोट आयी थी, वह ठीक से खड़ा भी नहीं हो पा रहा था। उसकी साइकिल भी टूट चुकी थी, अब उस पर वापस कोयला लादना भी संभव नहीं था।

'रुकिये ...। केतना दीजियेगा?' उसने ट्रक पर चढ़ रहे ड्राइवर से पूछा।

'काहे? तुमको जो हज़ार रुपया दे उसी को बेच देना।'

'आप बोलिये ...। आप केतना दीजियेगा।'

'एक बात कहते हैं, तीन सौ रुपैया देंगे, मंजूर हो तो डालो पीछे ट्रक में और नहीं तो किच-किच मत करो। बहुत कोयला मिलता है कुजू में। वहीं से अगली बार ले लेंगे।'

गणेश महतो बैठकर हिसाब लगाने लगा, अभी तक कोयला यहाँ तक लाने में कितना ख़र्च हो चुका है, कितना उस पर उधारी हो गया है? पिताजी की साइकिल भी टूट गयी है। घर में बच्ची, बीवी दोनों बीमार हैं ...। रात के खाने का भी इंतज़ाम नहीं है ...।

'अरे, क्या सोच रहा है, देगा कि जायें यहाँ से?'

'कुछ और बढ़ा दीजिये।' उसने रुआँसा होकर कहा।

ड्राइवर भला आदमी था, उसने कहा, 'अच्छा चलो साढ़े तीन सौ दे देते हैं।'

शाम के चार बज चुके थे। क्या उसे दूसरे ख़रीदार की प्रतीक्षा करनी चाहिए? और अगर दूसरा ख़रीदार नहीं आया तब? रात भर उसे कोयला को अगोर कर यहीं रहना पड़ेगा। ठंढ शुरू हो चुकी है। रात वह यहाँ खुले में कैसे बितायेगा?

गणेश महतो का दिमाग सुन्न होने लगा था। घबराहट में निर्णय लेना बहुत मुश्किल होता है। उसे लगा अगर यहाँ सुनीता होती तो वह उससे पूछ लेता। लेकिन यहाँ तो वृक्षों और सड़क पर सरपट भागती गाड़ियों के सिवा कुछ भी नहीं है। वह किससे सलाह करे।

'अरे देगा कि नहीं देगा। साफ़-साफ़ बोलो?' ड्राइवर ने डपटते हुए पूछा।

'हाँ हाँ ले लीजिये।' उसके मुँह से अनायास ही निकल गया।

उसने साढ़े तीन सौ रुपये बहुत सँभाल कर अपनी पैंट की भीतरी जेब में रखा। ट्रक वाला ट्रक स्टार्ट करके धुआँ उड़ाता हुआ चला गया। इधर गणेश महतो के सारे सपने भी धुआँ हो गये। वह बैठ कर हिसाब लगाने लगा कि इन साढ़े तीन सौ रुपये से क्या करेगा, पहले किसकी उधारी चुकायेगा। लेकिन उधारी चुकाने से पहले तो उसे आज रात के लिए चावल ख़रीदना होगा ताकि रात में भात बन सके। लेकिन उधार देने वाले क्या मानेंगे? उनसे इसी शर्त पर उधार लिया था कि कोयला बेचकर सबसे पहले उनका उधार चुका देगा। अचानक उसे अहसास हुआ कि उसके पैरों में बहुत तेज़ दर्द हो रहा है। हे भगवान! कहीं टूट न गया हो। पैर टूट जायेगा तो इसका इलाज वह कैसे करायेगा। टूटे पैर के साथ तो मारवाड़ी भी उसे अपनी दुकान में नहीं रखेगा।

अभी वह जहाँ था वहाँ से रांची के बीच की दूरी का अंतर सात सौ रुपये था। अब ट्रक वाला उसी कोयले को रांची में किसी होटल वाले को एक हज़ार में बेचेगा। लेकिन उससे उसे क्या? वह तो अब बिना कोयले के भी रांची पहुचने की स्थिति में नहीं था। उसे अब यह चिंता भी सता रही थी कि वह कल से क्या करेगा?

शाम के पाँच बज गये थे, थोड़ी देर में अँधेरा अपने पाँव पसारने लगेगा। जंगलों में अँधेरा जल्दी ही घिर जाता है। अब देर करने से फिर बहुत देर हो जायेगी, ऐसा सोचकर उसने हिम्मत की और किसी तरह अपनी साइकिल को सँभाला। साइकिल का रिम टेढ़ा हो गया था और उसे ठीक करने के लिये उसके पास कोई साधन नहीं था। उसने पास पड़े पत्थर से उसे सीधा करने की कोशिश की, लेकिन वह पूरी तरह उसे सीधा नहीं कर पाया। उसके पैर में असह्य दर्द हो रहा था। किसी तरह दर्द को सहन करते हुए वह साइकिल पर बैठ गया। एक ही पैर से वह साइकिल चलाने लगा। सड़क ढलान थी इसलिए साइकिल आसानी से लुढ़क रही थी। अचानक साइकिल के चक्के के नीचे एक पत्थर आ गया। दरअसल यह एक कोयले का बड़ा टुकड़ा था, जो किसी साइकिल से शायद गिर गया था। उसने साइकिल सँभालने की कोशिश की लेकिन दायें पैर ने उसका साथ नहीं दिया और वह सड़क पर दाहिनी ओर गिर पड़ा। उसके पीछे से तेजी से आते ट्रक ने ज़ोर से ब्रेक लगाने की कोशिश की लेकिन तब तक उसका

शरीर उस ट्रक के नीचे आ गया था।

पुलिस ने जब लाश की तलाशी ली तो भीतरी जेब से साढ़े तीन सौ रुपये बरामद हुए। पचास रुपये रखकर तीन सौ रुपये पुलिस वाले ने सुनीता को दे दिये। उन्हीं तीन सौ रुपये से सुनीता ने दाह संस्कार के लिए कफ़न आदि ख़रीदे।

अगले दिन स्थानीय समाचार पत्र में एक छोटा सा समाचार आया – 'सड़क दुर्घटना में एक कोयला चोर की मौत।'

वैभव सिंह

मीना बाज़ार

उस दुकान का नाम मीना बाज़ार था और उसके बाहर से ही रंग-बिरंगी साड़ियों की दुनिया दिखाई देती थी। दुकान के बाहर बहुत हसीन और पतली-सुकोमल औरतों के बुत खड़े रहते थे जिनके बदन पर बहुत सुंदर साड़ियाँ सजी रहती थीं। देखने वाले को समझ नहीं आता था कि वह उन हसीन बुतों को देख रहा है या फिर उनके निर्जीव लेकिन सुडौल बदन पर पहनायी गयी ख़ूबसूरत साड़ियों को। निर्जीव औरतों को भी बड़ी होशियारी से ढाला गया था। समाज में इतनी सुडौल कायाएँ भले न हों पर फैशन की दुनिया में उनका होना ज़रूरी था। उस दुकान के सामने से गुज़रने वाली लड़कियों-औरतों को वे किसी चुंबक की तरह अपने भीतर खींच लेती थीं। औरतें न चाहकर भी कुछ साड़ियाँ उलट-पलटकर चली आती थीं। अकसर ही दुकान में जितनी भीड़ दिखती थी, उतनी साड़ियाँ नहीं बिकती थीं। शहर में इन दिनों शॉपिंग की संस्कृति लोगों की ख़रीदारी की क्षमता से अधिक फल-फूल रही थी। लोग बोरियत से बचने के लिए ताश, लूडो या अब तो मोबाइल गेम खेलने की बजाय दुकानों वाले इलाके में निकल जाते थे। दुकानदार परेशान रहते थे, पर उन्हें इसी भीड़ से कुछ ग्राहकों के निकल आने की उम्मीद रहती थी। इन्हीं में एक दुकान मीना बाज़ार में हरेंद्र बाबू काम करते हैं। उनकी उम्र पचपन साल से थोड़ी अधिक या थोड़ी कम होगी। वह काउंटर पर खड़े होकर कस्टमर्स को, जिनमें अधिकांशतः औरतें होती थीं, साड़ियाँ दिखाते हैं। इस दुकान में काम करते-करते वह धैर्य की ज़िंदा मिसाल बन चुके हैं और किसी को धैर्य नामक शब्द की मूर्ति गढ़नी हो तो शायद वह हरेंद्र बाबू से ही मिलती-जुलती होगी।

धैर्य की मूर्ति जैसे ही तटस्थ और ख़ुद में सिमटे हुए। साड़ियाँ दिखाने का काम ही ऐसा है ... सात समंदर से भी गहरे धैर्य वाला। पर बाहरी छवि के विपरीत हरेंद्र बाबू ख़ुद को भीतर ही भीतर बहुत बिखरा हुआ और लस्त-पस्त महसूस करते थे।

कल ही उनकी पत्नी जो, घर में बैठे-बैठे कभी-कभार कुछ पास की किराने की दुकान के लिए पैकेट बनाने का काम करती है, उनसे कह रही थी, 'तुम साड़ियाँ दिखाते-दिखाते ख़ुद एक साड़ी में बदल गये हो। तुम्हें पता भी नहीं लगता कि तुम्हें भी कितना खोला, पटका और तह लगाया जाता है रोज़। पर उफ़ भी नहीं करते।' हरेंद्र बाबू को अपनी तुलना साड़ियों से करना विचित्र लगा फिर धीरे-धीरे उन्हें लगा कि वह सचमुच साड़ियों के बीच रहते-रहते किसी जार्जेट-शिफॉन की साड़ी जैसे हो गये हैं, उन्हें भी ख़ुद को कितनी बार तह लगाकर सँभालना पड़ता है, वरना उनका मन भी तो खुलकर अकसर ही बिखर जाता है।

पति की तुलना साड़ियों से कर उनकी पत्नी हँस दी थी। हरेंद्र बाबू की ख़ुशक़िस्मती थी कि उनकी बीवी ज़िन्दगी की लाख मुसीबतों के बीच हँसमुख थी। वह अकसर कहती थी कि यह हँसमुखपन की आदत उसे अपनी बुआ से मिली है जो जब भी घर आती थीं तो घर भर में चहचहाती फिरती थीं। हालांकि उनके पति चिड़चिड़े थे और अकसर घर से ग़ायब रहते थे पर उनकी हँसी पर कभी फ़र्क़ नहीं पड़ा। उसे उन बुआ के कानों की बालियाँ और उनकी हँसी दोनों इतनी पसंद थीं कि वह चाहती थी कि वह भी उन्हीं के जैसी हो जाये। बाद में उनका ट्रांसफर हो गया तो वह हमेशा के लिए बहुत दूर चली गयीं पर उनकी याद उसे अब भी आती है। उनकी याद में जीते-जीते भी वह बुआ जैसी ही बनती रहीं धीरे-धीरे।

पर हरेंद्र बाबू की समस्याएँ लगातार बढ़ती जा रही थीं। वह जिस दुकान में पिछले सत्ताइस बरस से काम कर रहे थे, उसका मालिक तीन साल पहले मर गया था। मालिक पुराने जमाने का सुस्त, आराम से चलने वाला आदमी था। उसमें एक ही बुराई थी कि वह दुकान बंद करने के बाद दुकान में बैठकर शराब पीता था और औरतों के बारे में बहुत अश्लील बातें करता था जिसमें हरेंद्र बाबू को भी शामिल कर लेता था। पर अच्छी आदत यह थी कि वह शराब के नशे के अलावा बाकी समय दुनिया का सबसे सज्जन और शरीफ़ इंसान नज़र आता था। वह समाज के उन शरीफ़ों जैसा

शरीफ़ था जो ख़ुराफ़ात का सुरक्षित मौक़ा मिलने के अलावा कभी अपनी शराफ़त पर आँच नहीं आने देते हैं। अपनी शराफ़त को ख़ूबसूरत गुलदस्ते की तरह कमरे में सजाकर रखते हैं।

मालिक की मौत के बाद हरेंद्र बाबू की आँखों के सामने दुकान में बहुत सारे बदलाव होने लगे। मालिक का बेटा अब नये ज़माने के हिसाब से दुकान को चलाना चाहता था। उसने दुकान में लाखों रुपये लगाकर उसे ठीक कराया। लकड़ी का भारी काम कराया और दुकान के आगे ख़ूबसूरत जिस्म वाली औरतों के बुत लाकर रख दिये। उन बुतों की साड़ियाँ रोज बदलने और उन्हें सजाने-संवारने का काम करने के लिए उसने एक अलग से आदमी रख लिया। वह आदमी रोजाना उन पर साड़ियाँ पहनाने के नाम पर उन्हें निर्वस्त्र करने का आनंद लेता है या फिर सचमुच साड़ियाँ पहनाता है, यह अभी तक समझ नहीं आया था।

छह महीने पहले अचानक ही दुकानों में सीसीटीवी कैमरे लगने लगे। हरेंद्र बाबू और दुकान के बाकी बारह कर्मचारी घबरा गये। दुकान के सबसे पुराने कर्मचारी थे राजेंद्र शर्मा जी। लगभग पैंतीस साल से लगे हुए थे यहीं। वे पंजाब के एक छोटे क़स्बे से भागकर आये थे और एक बार आये तो यहीं के होकर रह गये। उन्होंने मज़ाक़ में कह दिया, 'ये कैमरे हमारा काम ख़राब ज़्यादा करेंगे। हर वक़्त सिर पर कोई चीज बिठाने से वैसे ही आदमी परेशान रहेगा।' उनकी यह बात दुकान के नये मालिक को चुभ गयी और उसने लगभग डपटते हुए कहा, 'शर्मा जी ... जरा अपना ख़्याल रखिये। चीजों में अड़ंगा डालने में आपका ही नुकसान है ...।' उसके बाद बिचारे शर्मा जी ऐसा सकपकाये कि लगभग गूंगे हो गये। जो बातें पहले हँसकर आराम से कहते थे, उन्हें भी अब इशारों में बताने लगे। पहले कोई चाय पीने के बारे में पूछता था तो ज़ोर से, गला साफ़ कर बोलते थे, 'अरे चाय पिये बगैर काम चलता है?'

अब वे केवल चोर नज़रों से अगल-बगल देखते और फिर धीरे से सिर हिला देते।

नये मालिक प्रभाष शर्मा ने, जो पुराने मृत मालिक का बड़ा बेटा था, बताया, 'अबसे दुकान की हर चीज मेरी निगाह में रहेगी। मुझे नया वर्क कल्चर विकसित करना है ताकि दुकान में ग्राहकों को सौ प्रतिशत संतुष्टि मिल सके। ये सब पुराने तरीक़े अब नये ज़माने में नहीं चलेंगे। अब बहुत चुस्त-दुरुस्त रहने का वक़्त है।'

हरेंद्र बाबू पिछले कुछ दिनों से देख रहे थे कि दुकान में सब कुछ बदल रहा है। अभी दो दिन पहले ही वे साड़ियों के काउंटर के स्टूल पर बैठकर फोन पर बात कर रहे थे तो नया मालिक आया और बोला, 'सुनिये, आप फोन मत देखा कीजिये काम के समय।'

हरेंद्र बाबू ने उसे फटी-फटी निगाहों से देखा। फिर चुप्पी साध गये। सत्ताइस साल में उन्हें कभी इस तरह की आपत्तियों का सामना नहीं करना पड़ा था। पुराने मालिक कभी चाय पीने या बाहर हवा खाने जाने पर भी कुछ नहीं बोलते थे। कभी कुछ कहना भी हुआ था तो कहते थे, 'क्या हरेंद्र बाबू सब ठीक तो है!'

उनके इस वाक्य 'ठीक तो है' को सब लोग उनकी हल्की-फुल्की नाराज़गी की तरह लेते थे। बाकी के कर्मचारी भी अब इसी तरह की रोकटोक के शिकार हो रहे थे। पुराने मालिक ख़ुद भी कुर्सी पर बैठे रहते थे और अकसर कहा करते थे, 'बरकत तो भगवान की देन है और भगवान उसी से ख़ुश रहता है जो दूसरों को ख़ुश रखता है।'

अगले दिन हरेंद्र बाबू दुकान में आये। अपने काउंटर पर गये और रोज़ की तरह काम करने लगे। साड़ियों को क्रम में लगाने, उनकी कीमतों वाली पर्ची को चेक करने तथा काउंटर को पोंछने में जुटे रहे।

तभी उनके पास प्रभाष आया और बोला, 'हरेंद्र बाबू, अब से आप लोग तब तक स्टूल पर न बैठा कीजिये जब तक दुकान में एक भी ग्राहक है। मुझे अच्छा नहीं लगता कि काउंटर पर औरतें साड़ी देखें और आप लोग नीचे स्टूल पर बैठ जायें।'

पचपन साल की उम्र में उन्हें किसी तीस साल के नौजवान से इस सख़्त लहजे में डाँट सुनना अच्छा नहीं लगा पर किसी कड़वी दवा की तरह गटक गये। उन्होंने ज़ोर से अपनी दायें हाथ के अंगूठे को बाकी उंगलियों से मसला ताकि वह इस बात को बर्दाश्त कर लें। अंगूठे की पीड़ा को महसूस कर दिल की पीड़ा को नज़रअंदाज़ करने की यह उनकी निरर्थक चेष्टा थी।

फिर उसने उंगली दिखाकर कहा, 'वो देखिये, सीसीटीवी भी लगवा दिया है अब तो। मुझे सब दिखता रहता है कि कौन अपना काम अधिक ईमानदारी से कर रहा है।'

उसने ईमानदारी शब्द का ऐसे इस्तेमाल किया जैसे ईमानदारी का मतलब होता है मशीन बन जाना। या ईमानदारी का मतलब होता है कि काम करते-करते सिर फोड़

लेना। यह नये ज़माने की ईमानदारी थी जिसमें बेईमानी करना जायज़ था, पर किसी का ख़ून निचोड़ लेना ईमानदारी थी। बड़ी बेईमानी करने के लिए बड़े ईमानदार लोगों की ज़रूरत थी। हरेंद्र बाबू उन लोगों में थे जो दूसरों के लिए तो रास्ते में आये पत्थर को हटा सकते थे, पर ख़ुद किसी पत्थर से चोट खाने पर दर्द सहना जानते थे। दिन बीतते रहे और दुकान का हुलिया बदलता रहा।

वह शायद मई का गर्मियों से भरा कोई दिन था। कोई ऐसा दिन जिसमें सब कुछ बहुत सामान्य होता है, न किसी बड़े नेता की मत्यु होती है, न कोई सरकार बनती-बिगड़ती है और न टीवी पर भारत के महाशक्ति बन जाने का कोई नया ताज़ा दावा सामने आता है। वह चुपचाप नयी आयी साड़ियों की गिनती कर उन्हें सामने की अलमारी में सजाने में लगे थे। अपना ब्लड-शुगर लेवल उन्होंने इस बीच लाख चिंताओं के बावजूद चेक नहीं कराया था। दुकान में भीड़ बढ़ रही थी। त्यौहारों का मौसम तो नहीं था, पर शादियों का मौसम जोरों से चल रहा था। तीन औरतें दुकान में घुसीं जिनमें एक ने काला चश्मा लगा रखा था। हरेंद्र बाबू को कभी समझ नहीं आया कि ख़रीदारी करने वाली औरतें दुकान में भी काला चश्मा क्यों पहने रहती हैं। वे उनके काउंटर पर आकर दक्षिण भारत की प्रिंटेड किनारी वाली साड़ियों को दिखाने को कहने लगीं।

हरेंद्र बाबू फुर्ती से साड़ियाँ उनके सामने फैलाने लगे। बीच-बीच में आवाजें – ये नहीं ... वो वाली ... वो वाली नहीं ... वो वाली ...। सारी बातें मानते हुए अपना काम करते रहे। उन औरतों ने लगभग दो घंटे तक साड़ियाँ देखीं और तीन साड़ियाँ पसंद कर बिल बनवाने चली गयीं। हरेंद्र बाबू बार-बार साइड में रखे स्टूल को देख रहे थे। उन्हें इंतज़ार था कि कब औरतें जायें और वे थोड़ा आराम कर लें। ऊपर सीसीटीवी उन्हें घूर रहा था और उन्हें लग रहा था कि उनकी हर साँस को गिनकर मालिक के पास हिसाब दे रहा है। उन्हें सीसीटीवी को फोड़ देने का मन किया, पर सत्ताइस साल की नौकरी की चिंता उनके साहस पर हावी हो गयी। ग्राहक सामने के ऊँचे सोफे पर बैठ सकता था पर नये नियम के अनुसार हरेंद्र बाबू को इसकी इजाज़त नहीं थी। लगभग दो घंटे तक खड़े रहने के कारण उन्हें बेचैनी सी हो रही थी। उनके पैरों में भारीपन सा था, पर वे मन ही मन सोच लेते थे कि इन औरतों के जाते ही दस मिनट बैठ सकेंगे।

पर उनकी किस्मत ...। उन औरतों के जाने के बाद कुछ कस्टमर और पहुँच गये। उन्होंने फिर से मशीन की तरह उनके सामने साड़ियाँ उलटना-पलटना शुरू कर दिया। उनकी कीमतें बताते रहे। अब जो महिला आयी थी, उसके साथ एक गुस्सैल सा आदमी भी था।

वह अपने साथ ही महिला को डाँटकर कहता था, 'तुम्हें कुछ पसंद भी आता है। अभी पचास साड़ियाँ देखकर कहोगी कि मुझे कुछ पसंद नहीं आया। कहीं और चलो।'

हरेंद्र बाबू को हल्की सी हँसी आयी। उन्हें लगा कि साड़ियाँ देखने के लिए कभी आदमियों को साथ नहीं लाना चाहिए। अब खड़े-खड़े ढाई घंटे बीत गये थे। सीसीटीवी ख़ामोशी से उनकी हर हरकत को नोट कर रहा था जैसे कोई ज़िंदा बम सिर पर लटका हो। उनका बैठने वाला स्टूल भी अब उनकी थकान देखकर थका हुआ लग रहा था। हरेंद्र बाबू को धैर्य रखना पड़ रहा था। उन्हें फिर पुराने मालिक की याद आयी जो रोज नहीं पर अकसर पूछ लेते थे, 'कोई परेशानी तो नहीं है, घर में सब ठीक है?'

अब तो उन्हें लगा कि घर और परेशानी का हालचाल उनसे किसी ने कई महीने से नहीं पूछा है। वे आते हैं, काम करते हैं, सीसीटीवी को मन ही मन गाली बकते हैं और चले जाते हैं। अनुशासन के शासन ने सारे कर्मचारियों की हँसी और हल्के-फुल्के मज़ाक़ छीन लिये हैं। अभी पिछले हफ़्ते ही उनका बड़ा मन था कि वह दुकान के कैशियर के काउंटर पर बैठने वाली मिसेज निशा अवस्थी के पास जायें और उनसे कहें, 'मैडम, आपने लड़के की शादी कर दी और बताया तक नहीं।'

पर वे अपनी इच्छा दबा गये क्योंकि नये मालिक को पसंद नहीं था कि लोग किसी से बात करें, साथ में बैठें और बाहर भी मिले-जुलें। उन्होंने ह्यूमन रिसोर्स के कोर्स में पढ़ा था कि इंसान की उत्पादकता बढ़ाने के लिए उसे नया काम ही नहीं सिखाना होता है बल्कि पुराने काम भी नये ढंग से करने के लिए प्रेरित करना होता है। इसलिए उसने सीसीटीवी का पहरा पूरी दुकान पर बिठा दिया था ताकि देख सके कि पुराने कर्मचारी अपना पुराना काम नये ढंग से कर रहे हैं कि नहीं। वो नया ढंग जो उसने सिखाया है।

उधर, हरेंद्र बाबू को सपने आते तो दिखता कि वह किसी घाटी में उतर रहे हैं और आसमान पर बहुत सारे सीसीटीवी चीलों की तरह मंडरा रहे हैं और चीख़ रहे हैं। वह

दुकान में साड़ियाँ दिखाते हुए अकसर बोलते थे, 'मैडम हम सत्ताइस बरस से यही काम कर रहे हैं। आप बेफ़िक्र होकर साड़ी ले जाओ ... हम यहीं बैठे हैं।'

पर उन्होंने महसूस किया है कि अपने इस तकियाकलामनुमा वाक्य को कुछ महीने से बोल ही नहीं रहे हैं। पुराने मालिक के समय जो बात ख़रीदारों के सामने गर्व से कहते थे, अब लगता है कि वही बात भूलते जा रहे हैं। अब उन्हें सत्ताइस बरस से काम करने की बात में कोई गर्व नहीं महसूस होता था। लगभग साढ़े तीन घंटे तक खड़े रहने के बाद उस दिन तो हरेंद्र बाबू थककर ऐसा चूर हुए कि उन्हें लगा कि साड़ियाँ उड़कर कहीं किसी समंदर में जा गिरी हैं और वे भी उन्हीं के साथ वहीं डूब रहे हैं। काफ़ी देर तक उन्होंने मन में आते चक्कर, थकान और बेचैनी से ख़ुद को संभाला, पर अंत में उनकी हिम्मत जवाब दे गयी। साड़ियाँ छोड़कर 'धम्' से स्टूल पर बैठ गये। अभी भी काउंटर पर कुछ औरतें थीं, पर वे टस से मस नहीं हुए। फिर सीसीटीवी पर उनकी निगाह गयी तो बिजली की फुर्ती से उछलकर खड़े हो गये, जैसे करंट लग गया हो। फिर किसी तरह से खड़े-खड़े साड़ियाँ पलटते, लगाते रहे पर उनकी थकान बढ़ती रही। लोगों का तांता लगा था। वह मन ही मन प्रार्थना करते कि इस काउंटर पर किसी को मत भेजना पर भगवान ने हमेशा की तरह प्रार्थनाओं को अनसुना कर दिया। लोग आते जा रहे थे।

फिर उनके मुँह से अजीब वाक्य निकलने लगे। एक औरत से बोले, 'ये साड़ी तो तीन हजार की है ... पर क्या हुआ ...। खरीदो या न खरीदो ... तुम्हारी मर्ज़ी।' औरत को अजीब लगा और वह उठकर चली गयी।

फिर उन्होंने दूसरी से कहा, 'ये वाली तो उड़ीसा सिल्क है, पर इधर की औरतों पर अच्छी नहीं लगेगी। क्या करना पहनकर इसे।' वह औरत भी उन्हें कुछ देर देखती रही, फिर वह भी चली गयी।

फिर एक तीसरी औरत से कहा, 'साड़ी के तो ज़माने चले गये ... अब तो भागना दौड़ना है, पुराना फैशन है साड़ी पहनना।'

वह औरत भी यह कहकर चली गयी, 'क्या बकवास करता है ये आदमी! लगता है मीना बाज़ार में लोग काम नहीं करना चाहते।'

हरेंद्र बाबू को ख़ुद नहीं पता चल रहा था कि वह क्यों और क्या बोल रहे हैं।

सीसीटीवी को देखकर सोचते कि वह यह भी तो नोट कर रहा होगा कि उनके काउंटर से सब ग्राहक भाग रहे हैं। पर उन्हें लगा कि वह अब जो सोच रहे हैं, जो कह रहे हैं और जो महसूस कर रहे हैं, उसमें सारा संबंध बिगड़ चुका है। उन्होंने एक साड़ी को उठाया और उसे तह लगाने की जगह ज़मीन पर फेंक दिया। उन्हें लगा कि उनका तरीक़ा काम कर रहा है। अब काउंटर खाली हो गया है। अब बैठ सकेंगे। अब चकराते सिर को आराम दे सकेंगे और सीसीटीवी की निगाहों में ख़ुद को बेगुनाह साबित कर सकेंगे। पर उनकी बदक़िस्मती से चार औरतों का झुंड फिर उन्हीं के काउंटर की ओर बढ़ता नज़र आया। सिल्क साड़ी दिखाने का उनका हुनर आज उन पर भारी पड़ रहा था। अब उनकी हिम्मत जवाब दे गयी। उन्होंने औरतों के आगे हाथ जोड़ लिया। मुँह से घिघियाई सी आवाज़ निकली, 'आप कहीं और जाओ ... पंद्रह मिनट दे दो बस ... केवल पंद्रह मिनट ...।'

उन औरतों को समझ नहीं आया कि हुआ क्या।

उधर हरेंद्र बाबू ने सीसीटीवी को देखा और फिर घिघियाते हुए बोले, 'कुछ देर बैठ जाने दो वरना आज ही मर जाऊँगा ... बस कुछ देर ... वहाँ जाओ ... वहाँ जाओ।' वह दूसरे काउंटर पर जाने का इशारा कर रहे थे। कहते-कहते धड़ाम से ज़मीन पर गिर पड़े। सामने साड़ियाँ फैली थीं, स्टूल और सीसीटीवी उन्हें देखे जा रहे थे और उन्हें लग रहा था कि नया मालिक ज़ोर से चिल्ला रहा है, 'कैसे-कैसे लोग यहाँ भरे पड़े हैं। कोई काम तो करना ही नहीं चाहता। सबको आधे घंटे की खाने की छुट्टी देता हूँ। फिर भी सबको आराम करना है यहाँ ... दुकान पर ताला नहीं लगने दूँगा ... कल से सबकी छुट्टी ...।'

हरेंद्र बाबू ज़मीन पर गिरकर ज़ोर-ज़ोर से साँस ले रहे थे पर दुकान का कोई व्यक्ति उनके पास दौड़कर नहीं आया। सब सीसीटीवी के डर से अपनी जगहों पर खड़े कामों में चुपचाप मशगूल थे। हरेंद्र बाबू उठने की कोशिश कर रहे थे, बार-बार उन्हें सीसीटीवी ही नज़र आ रहा था ...। दुकान की मेज़ पकड़कर उठना चाह रहे थे पर उन्हें लगा कि उनकी देह से सारा ख़ून सूख चुका है, दिल ज़ोर से धड़क रहा है, पैर सुन्न पड़ रहे हैं और आँखों के आगे एक धुँधलका सा फैल रहा है ...।

आज सामने की बुत पर पीली साड़ी थी ... कोने पर लगे आदमक़द आईने में

उसकी एक धुँधलाती सी तस्वीर कौंधी ...। उन्हें लगा कि वह मौन बुत हिला, पीछे मुड़कर देखा और अचानक ही जैसे उनकी पत्नी की शक्ल में बदल गया ...। और अब वह उन्हीं की तरफ़ चली आ रही है ...। सीसीटीवी वैसे ही उन्हें घूरे जा रहा है, उनकी एक-एक गतिविधि को दुकान का मालिक देख रहा है और उनके कानों में उनके ही कातर शब्द गूँज रहे हैं – सत्ताइस बरस से ... सत्ताइस बरस से ...। ये शब्द हवा में चिड़ियों की तरह उड़ते और कोई कैमरे की शक्ल वाला खूँखार बाज उन्हें झपट जाता।

हरि मृदुल

कन्हैया

वह विरल दृश्य था। सड़क पर एक युवक बाँसुरी बजाता जा रहा था। सैकड़ों कान उसका पीछा कर रहे थे और मुग्ध हो रहे थे। पचासों आँखें उसे खोज रही थीं और व्याकुल लग रही थीं। जिस सड़क से वह गुजर रहा था, उसके दोनों तरफ़ बहुमंजिली इमारतें थीं। इन इमारतों में नवधनाढ्य वर्ग था, जिनके पास शायद अभी तक बचपन की स्मृतियाँ बची हुई थीं। इन स्मृतियों में चॉल या वन रूम किचन के छोटे-छोटे घर थे। अपनी जड़ों यानी गाँव-कस्बों की धुँधली-सी छायाएँ भी थीं। बाँसुरी की यह धुन उन्हें किसी न किसी बहाने अतीत से जोड़ रही थी ...।

वह रविवार का दिन था और दोपहर का समय था। कुछ लोग खाना खाकर आराम कर रहे थे। कुछ परिवार के सदस्यों के साथ गप्पें मार रहे थे। कुछ अपने दोस्तों के साथ बिल्डिंग परिसर में खड़े थे। कुछ बीवी-बच्चों में मगन थे। कुछ मोबाइल में व्यस्त थे। कुछ टीवी देख रहे थे। कुछ बाज़ार जाने को अभी बस घर से निकले ही हुए थे यानी सड़क पर थे। तभी बाँसुरी बजाते हुए पता नहीं कहाँ से वह युवक आया और उसने मानो हर किसी को अपने जादुई आगोश में ले लिया। जो जहाँ था, वहीं थम-सा गया था।

जिस सड़क पर युवक चल रहा था, वह दोनों ओर की बहुमंजिली इमारतों की बालकनियों में खुलती थी। तो हुआ यह कि कुछ ही मिनटों में बीसियों लोग अपनी-अपनी बालकनियों में दिखायी देने लगे। धीरे-धीरे यह संख्या बढ़ती ही गयी। बीस के चालीस हुए, चालीस के अस्सी और अस्सी के एक सौ साठ ...। इनमें बूढ़े थे, जवान थे

और अधेड़ भी थे। इनमें स्त्रियाँ थीं, पुरुष थे और बच्चे-बच्चियाँ भी। दरअसल हरेक के कानों में मधुर स्वरलहरियाँ पड़ रही थीं और हर कोई बाँसुरी वादक की एक झलक देख लेना चाह रहा था। धुन में ऐसा जादू था कि कौवे, कबूतर, मैना और गौरैया तक मानो उड़ना ही भूल गये हों। आसपास एक भी पंछी उड़ता हुआ नहीं दिख रहा था। पता नहीं कहाँ से चली आ रही एक गाय ने अपनी आँखें बंद कर ली थीं और सड़क के किनारे चुपचाप खड़ी हो गयी थी। उसकी जुगाली बंद थी और अचानक ही उसने रँभाना शुरू कर दिया था। हद तो यह थी कि दिन-दोपहर बिना बात भौंक-भौंक कर हलकान कर देनेवाले सड़क के कुत्ते तक शांत थे। बाँसुरी के स्वरों के बीच कई बार वे अपना एक लंबा अलाप ज़रूर लगा रहे थे, मानो मधुर सुरों का समर्थन कर रहे हों। पता नहीं कितनी गलियों और कितनी सड़कों से आ-आकर वे इकट्ठा हो गये थे और दर्जनों की संख्या में एक साथ खड़े दिख रहे थे। वे सबसे ज़्यादा उत्पाती थे, लेकिन सबसे ज़्यादा सम्मोहित भी वे ही लग रहे थे और समझ नहीं पा रहे थे कि आख़िर यह माजरा क्या है!

इस बीच सड़क पर बाँसुरी बजाता धीमे-धीमे चलता हुआ वह युवक एक पेड़ के नीचे छाया में उसी ख़ास मुद्रा में खड़ा हो गया था, जिस मुद्रा में द्वापर युग में कृष्ण कन्हैया कदंब तले खड़े होते रहे होंगे। दोपहर का समय था, तो गर्मी अपना असर दिखा रही थी। सड़क के किनारे पता नहीं वह कौन सा पेड़ था। लेकिन जो भी था, पर्याप्त हरा-भरा था। चौड़ी पत्तियाँ थीं। ऊँची शाखाएँ थीं। टहनियाँ फैली हुई थीं। यह दूर तक छाया दे रहा था। एक तो घनी छाया और ऊपर से हाथ में बाँसुरी जैसा प्रिय वाद्ययंत्र, ऐसे में तन और मन में उमंग जगनी ही थी। फिर तो युवक ने मगन होकर काफ़ी देर तक बाँसुरी बजायी। बाँसुरी बजाते हुए वह इतना तन्मय था कि पच्चीसों राह चलते लोग उसकी धुनों में खिंचे चले आये और पच्चीसों ने अपने मोबाइलों से उसके वीडियो बना लिये। पता नहीं इस बीच उसने कितनी तरह की मनमोहक धुनें निकालीं और कितने नये रागों का निर्माण किया। न उसे पता था और न ही किसी सुनने वाले को। बस, रस ही रस बरस रहा था। सूखे हृदय इस रस से भीग रहे थे। सुरों की ऐसी वर्षा हो रही थी कि एक-एक रोम खिल उठे। बाँसुरी के सम्मोहन में बँधी कई महिलाओं ने तब आपस में टिप्पणी भी की कि देखो, यह तो कन्हैया लगता है! साक्षात कृष्ण

कन्हैया। वे धुन सुनकर विभोर हो चुकी थीं। उनमें से कई की आँखों से आँसू बहने शुरू हो चुके थे। वे चाहकर भी इन आँसुओं को नहीं रोक पा रही थीं। उन्हें बाँसुरी की धुनें जहाँ एक नये आह्लाद से भर दे रही थीं, वहीं बेहद उदास भी कर दे रही थीं।

तभी किसी की नज़र पड़ी कि युवक के सिर पर मोरपंख भी लगा हुआ है। मोरपंख? अरे, ग़ज़ब। यह तो वाकई कन्हैया लग रहा है। कौतुक पर कौतुक बढ़ता जा रहा था। इस युवक के चारों ओर खड़े लोग ज़्यादातर युवा थे और इन युवाओं में भी हर वर्ग का शुमार था। अचानक ही श्रद्धा और भक्ति का भाव दिखना शुरू हो गया था। लोगों की नज़र बाँसुरी से ज़्यादा मोरपंख पर थी। दरअसल वह युवक एक अँगोछे का फेंटा लगाये हुए था, जिसमें उसने एक बड़ा सा मोरपंख खोंस रखा था। एक अलग ही आभा वाला मोरपंख। यह तमाम लोगों के लिए वाकई बड़ी हैरत की बात थी। जो भी उसे बाँसुरी बजाते देख रहा था, उसका ध्यान पहले मोरपंख पर ज़रूर जा रहा था। एकाएक इस मोरपंख ने उस युवक को रहस्यमय बना दिया था।

युवक की अभी ढंग से मूँछ भी नहीं आयी थी। बाल लंबे और घुंघराले थे। कानों में उसके कुंडल तो नहीं थे, लेकिन एकदम छोटी सोने की बालियाँ ज़रूर पहने हुए था। गले में एक माला भी थी, जो पता नहीं किस चीज की बनी हुई थी। उसमें एक चमक थी और वह पहने हुए रंग-बिरंगे कुर्ते और पैजामे से मेल भी खा रही थी। साँवली सूरत का वह युवक जितना मासूम दिखाई दे रहा था, उतना ही सम्मोहक भी लग रहा था। बाँसुरी बजाते समय भी लग रहा था कि वह मंद-मंद मुस्करा रहा है। उसकी अदा बड़ी बांकी थी। सबसे बड़ी बात तो यह कि वह असीम शांति से भरा हुआ था।

सड़क के दोनों तरफ़ की इन बहुमंजिली इमारतों में से किसी एक फ्लैट में रहनेवाले एक अन्य युवक पर इस बाँसुरीवादक का ऐसा असर हुआ कि वह भी बरबस खिंचा चला आया और तेज़ गति से दौड़ते हुए उस पेड़ के नीचे पहुँच गया। वह इंतज़ार करने लगा कि कब बाँसुरी बजना बंद हो और कब वह उससे बातचीत करे – कुछ उसके जीवन की रोचक जानकारियाँ हासिल करे। बात यह थी कि इस युवक को कुछ महीने पहले ही एक बड़े अख़बार में रिपोर्टर की नौकरी मिली थी, सो अचानक उसे यह आइडिया क्लिक कर गया कि वह उस बाँसुरीवादक पर एक धाँसू किस्म का फीचर लिख दे और उसे अपने अख़बार में दे दे। कई दिनों से उसका इमिडिएट बॉस

उससे कह रहा था कि संडे सप्लीमेंट के लिए कुछ नयी चीज लाओ और धमाका करो। इस बॉस ने यहाँ तक कह दिया था कि अगर हफ़्ते-दो हफ़्ते में ऐसा नहीं कर पाया, तो कोई दूसरी नौकरी ढूंढनी शुरू कर देनी चाहिए ...।

अब तक बाँसुरीवादक युवक के चारों ओर जैसे मजमा लग चुका था। बाँसुरी बजाते समय उसके कितने ही वीडियो बनाये जा चुके थे। कुछ ने छोटे वीडियो बनाकर पोस्ट भी कर दिये थे। उन्हें लाइक्स और कमेंट मिलने शुरू हो चुके थे। एकाध ने फेसबुक लाइव तक शुरू कर दिया था ...। लेकिन वह बाँसुरी वाला युवक इन सब बातों से अनभिज्ञ था। वह तो अपनी मधुरतम धुनों में खोया हुआ था और पूरी तन्मयता से बाँसुरी बजा रहा था। उसकी आँखें बंद थीं, ऐसी बंद थीं कि मानो वह समाधि ले चुका है और इन्हें लंबे समय तक अब खोलनेवाला नहीं। तभी दूर से दो पुलिस वाले अपनी बाइक से आते दिखायी दिये। सब इंस्पेक्टर बाइक चला रहा था और पीछे हवलदार बैठा हुआ था। शायद उन्हें लगा था कि कोई फ़साद हुआ है, लेकिन नज़दीक आते ही माजरा उनकी समझ में आ गया था। सब इंस्पेक्टर ने बाइक सड़क के किनारे खड़ी की और हवलदार के हाथ से डंडा अपने हाथ में लेकर लोगों को भीड़ न लगाने और अपने-अपने रस्ते निकल जाने का फ़रमान अपनी गरजदार आवाज़ में सुना दिया। यूँ तो पुलिस को देखकर ख़ुद ही भीड़ छँटनी शुरू हो गयी थी और फिर डंडा हवा में लहराते देख बचे-खुचे भी चुपचाप खिसक लिये।

लेकिन युवक की बाँसुरी का बजना थमा नहीं था। यह बात पुलिस सब इंस्पेक्टर को नागवार गुजरी थी। उसने हाथ के डंडे से बजती बाँसुरी को ठकठकाया, तब जाकर युवक की सुर लहरियाँ थमीं। युवक ने आँखें खोलीं, तो एकबारगी उसकी समझ में कुछ भी नहीं आया। वह बुरी तरह सकपका गया। उसने फौरन सब इंस्पेक्टर के आगे हाथ जोड़ लिये और गिड़गिड़ा कर कहने लगा कि वह यहाँ से बस निकल ही रहा है। वह तो भरी दुपहरी में पेड़ की ऐसी घनी छाया पाकर ख़ुश हो गया था, इसी ख़ुशी के मारे उसने बाँसुरी बजानी शुरू कर दी थी। उसे बिल्कुल भी अंदाज़ा नहीं था कि इतनी भीड़ लग जायेगी ...।

युवक के पास एक थैला था, जिसमें दो दर्जन से ज़्यादा बाँसुरियाँ थीं। आधा दर्जन मुरलियाँ भी। उसने थैला सहेजा और उसे अपने कंधे पर टाँग लिया। तभी उसने

महसूस किया कि उसके माथे पर पसीना चुहचुहा आया है, तो सिर में बंधे अँगोछे को फौरन उतारा और माथा पोंछा। उसे ध्यान नहीं रहा कि अँगोछे में मोरपंख भी खोंसा हुआ है। मोरपंख लहराते हुए नीचे गिरा, तो उसने बड़ी फुर्ती से उठाकर उसे बाँसुरियों और मुरलियों के बीच अपने थैले में रख लिया। खैर, अच्छी बात यह रही कि युवक को अपना थैला समेटते देख दोनों पुलिस वाले भी निकल गये। दरअसल उन्हें अपने साहब के पास जल्दी से जल्दी पहुँचना था। युवक ने राहत की साँस ली। पुलिस की वर्दी से उसे हमेशा से ही डर लगता रहा है। लेकिन यह क्या, वह निकल ही रहा था कि उस युवा रिपोर्टर ने उसे रोक लिया – बस, थोड़ी सी बात करनी है ...। लेकिन वह अब एक पल भी यहाँ नहीं रुकना चाहता था। रिपोर्टर ने उससे कहा कि डरो मत, उसके रहते पुलिस उसका कुछ भी नहीं बिगाड़ सकती है। ज़्यादा से ज़्यादा पंद्रह-बीस मिनट बात करनी है। लेकिन उस बाँसुरीवाले ने तेजी से अपना सामान समेटा और आगे बढ़ गया। रिपोर्टर भी युवा था और ज़ुनूनी भी। वह भी उसके पीछे लग लिया। आगे-आगे बाँसुरीवाला और पीछे-पीछे रिपोर्टर। बाँसुरीवाले युवक ने मानो दौड़ ही लगा ली थी और रिपोर्टर था कि उस युवक से भी तेज़ गति से दौड़ रहा था। बाँसुरीवाले को पुलिस की वर्दी का डर भगा रहा था और युवा रिपोर्टर को नौकरी चले जाने का। दोनों के डर मिलकर एक अलग ही दृश्य उपस्थित किये जा रहे थे। बाँसुरीवाले के मन में पुलिस की छवि किसी यमदूत से कम नहीं थी। शायद उसे अपने जीवन में पुलिस से काफ़ी कटु अनुभव मिले होंगे। वह पुलिस की छाया तक से बचना चाहता था। इधर रिपोर्टर के लिए तो जैसे जीवन-मरण का ही प्रश्न था। वह अपनी संडे की स्टोरी हर हालत में पाना चाहता था। उसे किसी भी शर्त पर अपनी नौकरी बचानी थी। हाल ही में उसके कई साथियों की छँटनी हो चुकी थी। ऑफिस में स्थितियाँ ऐसी बन चुकी थीं कि उसे अपनी छँटनी का नंबर भी नजदीक ही लगने लगा था। अगर वह इस बीच कोई यूनीक किस्म की स्टोरी, फीचर या ख़बर नहीं दे पाया, तो उसे सड़क पर आने में जरा भी देर नहीं लगेगी। यह बाँसुरीवाला अवश्य ही उसकी नौकरी बचा सकता था। वह अपने क्लिक हुए आइडिया पर पूरी तरह से आश्वस्त था। लेकिन यह बाँसुरीवाला ठहर ही नहीं रहा था।

कभी दौड़ने और कभी तेज़ चलने के बाद जब बाँसुरीवाला रुका, तो रिपोर्टर ने

राहत की साँस ली। दरअसल बाँसुरीवाले युवक ने रिपोर्टर पर रहम खाया था, इसलिए रुका था। उसकी समझ में आ गया था कि यह भी उसकी तरह कोई मजबूर ही है। बाँसुरीवाले के रुकने और उसकी मजबूरी को महसूस करते देख रिपोर्टर की आँखों में आँसू आ गये।

यह महज इत्तफ़ाक़ की ही बात थी कि जहाँ दोनों खड़े थे, उसके आगे रास्ता बंद था। दरअसल वे दोनों ऐसी जगह पहुँच चुके थे, जहाँ आगे कब्रिस्तान था और उसके थोड़ा आगे श्मशान। यह लगभग निर्जन इलाक़ा था। दोपहर का समय था, इसलिए इस समय वहाँ सिर्फ़ दो ही लोग थे – बाँसुरीवाला और रिपोर्टर। अब दोनों ने मानो एक-दूसरे के आगे समर्पण कर दिया था। शायद एक-दूसरे के दुःख को समझा था और अब दोनों का दुःख एक अपूर्व बतकही के सुख में तब्दील होने जा रहा था। तो उस युवक ने अपने मोबाइल में टेप करनेवाला ऐप चालू कर दिया था और उसे जेब में रख बाँसुरीवादक से बड़ी सहजता से बात करने लगा था। रिपोर्टर युवक ने ऐसी होशियारी इसलिए दिखायी कि बाँसुरीवादक बिना किसी झिझक के पूरे मन से बातचीत करे। ऐसा ही हुआ भी। तमाम सवालों के जवाब में बाँसुरीवादक युवक ने उसे अपने बारे में कुछ यूँ बताया :

'भाईजान, मैं वृंदावन का रहनेवाला हूँ। मथुरा-वृंदावन का। ब्रजभूमि का। आरिफ है मेरा नाम और मैं भगवान कृष्ण का मुरीद हूँ। कह सकते हैं कि उनका भक्त हूँ। मैं अपने धर्म में पूरी आस्था रखता हूं। सौ फीसद श्रद्धा। बिना नागा नमाज़ अदा करता हूं। कुरान-ए-पाक पढ़ता हूँ और उसका मनन करता हूं। चिंतन करता हूं। पक्का मुसलमान हूँ मैं। ईमान वाला मुसलमान। उसी चिंतन-मनन के आधार पर मैं आपको एक बात बता दूं कि कुरान-ए-पाक में कहीं नहीं लिखा है कि आप इस्लाम को मानते हैं, तो कृष्ण को न मानें। मैं कृष्ण कन्हैया की धरती का हूं। उनकी लीलाएँ मुझे मोहती हैं। उनकी बातों का मैं दीवाना हूँ। उनके उपदेश मुझे अच्छे लगते हैं। आप यक़ीन नहीं करेंगे, लेकिन मैंने कुरान के साथ-साथ गीता भी पढ़ी है। खूब पढ़ी है। मैं रसखान का शैदाई हूँ। मुझे रसखान के दसियों पद याद हैं – 'मानुष हों तो वही रसखान, बसौं ब्रज गोकुल गाँव के ग्वालन ...।' कई बार जब मैं बाँसुरी बजाते हुए थक जाता हूँ, तो गायन शुरू कर देता हूं। मैं रसखान को गाता हूं। इस चक्कर में मुझे कई मुस्लिम

संगठनों से धमकियाँ मिली हैं, तो कई हिन्दू संगठनों के लोगों ने मुझ पर शक किया है और अपने धर्म के अपमान का आरोप लगाया है। लेकिन मुझे न किसी हिन्दू से डर है और न ही किसी मुसलमान से। किसी का डर नहीं है मुझे, क्योंकि मैं गलत नहीं हूँ। सच कहूँ तो मुझे किसी से डर लगता ही नहीं। मैं कानून से डरता हूं बस। मैं पुलिस वालों से डरता हूँ, वर्दी से डरता हूँ क्योंकि मैंने वर्दी की हैवानियत देखी है। लेकिन मैं सभी से बड़ी मुहब्बत से पेश आता हूँ। मेरी परवरिश ऐसे ही माहौल में हुई है, जहाँ सिर्फ मुहब्बत करना-प्यार करना सिखाया जाता है। यह मेरी तहज़ीब है। हिन्दुस्तानी तहज़ीब भी यही है। मेरी अम्मी ने मुझे आखिरी वक़्त कहा था कि हिन्दुस्तानी तहज़ीब बचेगी, तभी हिन्दुस्तान बचेगा। यह तहज़ीब कभी छोड़ना मत ...। मैंने अपनी अम्मी की बातें गाँठ बाँधकर रखी हैं। मैं अपनी अम्मी के सिखाये हुए पर ही चल रहा हूँ। मैं कुरान की आयतें कंठस्थ करता हूँ। गीता का अभ्यास करता हूँ। आगे मेरी इच्छा है कि मैं बाइबल भी पढ़ूँ और गुरुग्रंथ साहब भी। बौद्ध धर्म जानूँ और जैन धर्म भी। मुझे इस बात का अच्छी तरह से अंदाज़ा है कि इंसानियत की भलाई के लिए इन सभी में एक जैसा ही लिखा होगा।'

वह युवा रिपोर्टर गदगद था। वह ख़ुद भी धर्म जैसे विषय पर कुछ न कुछ विचार प्रकट करता रहता था। वह इस विषय पर कुछ न कुछ पढ़ता भी था। आरिफ की बातें उसे अच्छी लग रही थीं, लेकिन वह ऐसा भी महसूस कर रहा था कि जैसे वह कम्युनल हारमनी बढ़ानेवाले किसी टीवी सीरियल के किसी किरदार से बातें कर रहा हो। उसने सोचा भी नहीं था कि ऐसे लोग आज की दुनिया में मौजूद होंगे। रिपोर्टर को धर्म के नाम पर फैल रहे विषाक्त माहौल की पूरी जानकारी थी। परंतु आज आरिफ से बातें करते हुए वह एक विलक्षण अनुभव से गुजर रहा था। आरिफ ने मानो अपने जीवन के कितने ही पन्ने उसके सामने तफ़सील से खोल दिये थे। बचपन की बातें। स्कूल की बातें। परिवार की बातें। कितनी तो बातें ...।

आरिफ एक रौ में बताता जा रहा था। बताते हुए उसकी आँखें छलछला जातीं। अतीत में डूबकर उसने बताया कि बचपन में जब वह स्कूल जाता था, तो फैंसी ड्रेस प्रतियोगिता में हमेशा ही उसे कृष्ण बना दिया जाता था और हर बार ही वह प्रतियोगिता जीतता था। अम्मी ख़ुद उसे अपने हाथों से सजाती थीं। आँखों में काजल लगाती थीं।

सिर पर मुकुट लगाती थीं। मुकुट में मोरपंख लगाती थीं। माथे पर तिलक लगाती थीं। गले में आभूषण पहनाती थीं। उसकी ड्रेस का इंतज़ाम करती थीं, जिसमें पीतांबर अनिवार्य होता था। बचपन में एक बार उसने ज़िद पकड़ ली थी कि वह तभी कृष्ण बनेगा, जब उसे बाँसुरी मिलेगी। बाँसुरी की जगह उसे मुरली थमा दी गयी थी, लेकिन उसे मुरली नहीं चाहिये थी। उसे उस उम्र में ही बाँसुरी और मुरली का फ़र्क़ पता चल चुका था। उसे इन्हें बजाने का तरीका भी पता था। जब वह टस से मस नहीं हुआ, तो उसकी अम्मी ने बड़ी मुश्किल से बाँसुरी का इंतज़ाम किया था। वृंदावन की सबसे बड़ी म्यूजिक की दुकान से उसके लिए बाँसुरी ख़रीदी गयी थी। बहुत महँगी थी, लेकिन उसकी ज़िद पूरी की गयी। परंतु उसकी ज़िद व्यर्थ नहीं गयी थी। बाँसुरी ख़रीदने के बाद उसने धीरे-धीरे उसे बजाना भी सीख लिया था। ख़ुद ही कठिन अभ्यास के बाद कई मीठी धुनें निकालनी शुरू कर दी थीं। उस बार जब वह भगवान कृष्ण बना था, तो उसने कृष्ण के तमाम हाव-भावों को कुशलता से सामने रखा ही, साथ ही कमाल की बाँसुरी भी बजायी थी। बाँसुरी ने मानो उसके अभिनय को पूर्णता प्रदान कर दी थी। उसके अभिनय का ऐसा असर पड़ा कि भावविभोर होकर उसकी क्लास की मैम ने उसके पाँव छू लिये थे। मैम के पाँव छूने के बाद तो जैसे तांता लग गया था उसके पाँव छूने का। वह चकित था और बुरके में खड़ी उसकी अम्मी के आँसू नहीं थम रहे थे। बाँसुरीवादक ने बताया कि जब भी वह बचपन की उस घटना को याद करता है, तो उसके रोंगटे खड़े हो जाते हैं। वह भावुक हो गया था। उसकी आँखें भर आयी थीं।

उस बाँसुरीवादक का कृष्ण बनने का सिलसिला तब तक चला, जब तक कि उसकी मूँछ की रेख नहीं फूटी। स्कूल की पढ़ाई पूरी होने के बाद चौदह-पंद्रह की उम्र में भी उसका कृष्ण बनना रुका नहीं। रासलीला की एक मंडली एक दिन उसकी अम्मी से मिलने आयी कि उन्हें आरिफ की ज़रूरत है। उनका कृष्ण बीमार पड़ गया है और अब ऐसे में आरिफ से बेहतर कोई दूसरा कृष्ण नहीं। बेचारी अम्मी मना नहीं कर पायीं और वह तो जैसे कन्हैया बनने के लिए तैयार ही बैठा था। इसके बाद तो लगातार दो साल तक यह सिलसिला चला। मूँछें आ जाने और आवाज़ भारी हो जाने के बाद भी उसे लगता रहा कि उसके भीतर कृष्ण मौजूद हैं। वह कृष्ण में समा चुका है या फिर कृष्ण उसमें समा चुके हैं! कई-कई बार उसके साथ ऐसा हुआ कि वह नमाज़ पढ़ता

और कृष्ण उसके सामने आ खड़े होते। वह कुरान पढ़ता और उसके सामने गीता आ जाती। तब वह अपने आपको सिर हिलाकर झटके देता, लेकिन न उसके आगे से कृष्ण हटते और न ही गीता के श्लोक उसका पीछा छोड़ते। परंतु इस स्थिति से वह कतई परेशान नहीं होता, बल्कि रोमाँचित हो जाता। उसे अच्छी तरह पता था कि यह सब कुफ्र क़तई नहीं है ...।

आरिफ को अपने अब्बू की कोई याद नहीं थी। यह भी हो सकता है कि उसने अपने अब्बू को कभी देखा ही न हो। दरअसल उसकी अम्मी तलाकशुदा थीं। वह उसके नाना-नानी के साथ रहती थीं। अपने माता-पिता की इकलौती संतान थीं। जब वह तेरह का था, पता नहीं क्या हुआ कि उसके नाना-नानी दोनों ही एक साल के भीतर अल्लाह को प्यारे हो गये। अम्मी अकेली रह गयीं। अपने अम्मी और अब्बू के न रहने से वह टूट-सी गयी थीं। वह उदास रहने लगी थीं, लेकिन उन्होंने अपने बेटे की परवरिश में कोई कसर नहीं छोड़ी। उसकी ख़ुशियों का हमेशा ही ध्यान रखा। वह भी अपनी अम्मीजान को ख़ुश रखने की पूरी कोशिश करता। लेकिन खुदा को इतनी भी ख़ुशियाँ मंजूर नहीं थीं शायद। उसके सत्रह तक पहुँचते-पहुँचते अम्मी को एक असाध्य बीमारी लग गयी और वह भी इस फ़ानी दुनिया को अलविदा कह गयीं। ये जानकारियाँ देते हुए आरिफ सिसक-सिसक कर रोने लगा था।

इसके बाद की कहानी आरिफ ने नहीं बतायी कि वह कैसे मुंबई पहुँचा? कैसे बाँसुरी बजाने में निपुणता प्राप्त की? कैसे बाँसुरी बनाना सीखा? कैसे सड़क-सड़क और गली-गली घूम कर बाँसुरियाँ बेचने के काम में लग गया? मुंबई में वह कहाँ रहता है, किसके साथ रहता है और कितना कमा लेता है, इस बारे में भी उसने चुप्पी ही साधे रखी। आरिफ बंद गली की उस सड़क पर उस रिपोर्टर को अपने जीवन की तमाम बेशक़ीमती बातें बताकर चुपचाप निकल गया, किसी और सड़क-किसी और गली को मधुर धुनों से गुंजायमान करने, आते-जाते और बिल्डिंगों में रहनेवाले तमाम जनों को सम्मोहित करने। आरिफ के जाने के बाद भी वह रिपोर्टर कीलित-सा काफ़ी देर तक उस सड़क के किनारे खड़ा रहा था। मानो बाँसुरीवादक का सम्मोहन टूट ही नहीं पा रहा हो।

पता नहीं कि उस युवा रिपोर्टर ने अपने अख़बार में आरिफ की यह दिलचस्प

दास्तान लिख कर दी या नहीं दी। अगर दी भी तो छपने के लिये स्वीकृत हुई या फिर रिजेक्ट हो गयी। उसके छपने की स्वीकृति मिली, तो वह कब छपी और कितने कॉलम छपी। कौन से पन्ने पर छपी और किस अंदाज़ में छपी। फोटो के साथ छपी या बिना फोटो के। छप जाने पर भी उसे कितने लोगों ने पढ़ा होगा और पढ़कर भी कितने लोगों ने उसे समझा और गुना होगा। मुझे सचमुच नहीं मालूम कि आरिफ की इस अनोखी स्टोरी का क्या हुआ होगा।

यूसुफ किरमानी

इंसानी पाबंदियाँ

सर्दियाँ बीत रही हैं लेकिन इस बार यह आम सर्दी का मौसम नहीं है। ज़हरीली आब-ओ-हवा फ़िज़ा में चारों तरफ़ है। नफ़रत का तूफ़ान पूरी तरह सब कुछ रौंदने पर आमादा है। क़ुदरत के तूफ़ान को कैटरीना, हरिकेन, बुलबुल जैसे नाम नसीब हैं लेकिन इंसानी नफ़रत के तूफ़ान को कोई नाम देने को तैयार नहीं है। नफ़रत का तूफ़ान जो कभी अपने हरे, नीले, पीले, भगवा, वसंती जैसे रंगों से पहचाना जाता था, अब वह 'इंसाफ़' के साथ मिलकर इंद्रधनुष बना रहा है। कहना मुश्किल है कि नफ़रतों के तूफ़ान का इंसाफ़ के इंद्रधनुष से क्या रिश्ता है लेकिन फिलहाल दोनों एक दूसरे के पूरक बने हुए हैं।

हर साल नवंबर का पहला हफ़्ता बीतते-बीतते हमारे घर की डोरबेल ज़ोर से बजती थी और दरवाज़ा खोलने पर गेट पर कपड़ों का गट्ठर लादे और हाथ में काग़ज़ की स्लिप लिये शफ़ीक़ कश्मीरी नज़र आता था। लेकिन पूरा नवंबर ख़त्म हो गया। दिसंबर आकर चला गया लेकिन शफ़ीक़ का दूर-दूर तक अता-पता नहीं था। शफ़ीक़ का हर सर्दी में आने का सालों पुराना सिलसिला था। दिल्ली-एनसीआर की तमाम सोसाइटियों में भले ही कुछ सफ़ेदपोश चोर, स्मगलर रहते हों या खादी की आड़ में चंद सरगना रहते हों, लेकिन शफ़ीक़ जैसों की एंट्री इन सोसाइटीज में तभी हो सकती है जब सोसाइटी में कोई लिखकर देगा कि वो शफ़ीक़ को जानता है और उसके आने से किसी भी तरह के 'आतंकवाद' का ख़तरा नहीं है। शफ़ीक़ की पर्ची पर साइन करना मेरी ज़िम्मेदारी बन चुकी थी। साल दर साल से यह सिलसिला चल रहा था। हालाँकि

सोसाइटी के मुच्छड़ गार्ड को उसकी एंट्री सख़्त नापसंद थी। वह कहता था, 'साहब, आप तो पढ़े-लिखे हो, क्या हम लोग इन कश्मीरियों पर भरोसा कर सकते हैं? आप जो कर रहे हो तो यह बहुत बड़ा ख़तरा है।' हालांकि आरडब्ल्यूए वाले उस गार्ड को वेतन के नाम पर सात हजार रुपये देते थे। जब-तब वह पानी की बोतल भरने मेरे घर पर आता था तो कम सैलरी और लंबी ड्यूटी के बहाने अपने शोषण का ज़िक्र कर ही देता था। लेकिन सोसाइटी में किसी कश्मीरी फेरीवाले की एंट्री को लेकर वह सब कुछ भूलकर राष्ट्रवादी हो जाता था। आरडब्ल्यूए के शर्मा जी भी परेशान थे। वह अकसर कह ही देते थे, 'अगर आप स्लिप पर साइन न करो तो मैं इन देशद्रोहियों को घुसने नहीं दूँ।' यानी एक तरह से आरडब्ल्यूए मुझ पर अहसान कर रही थी और उस कश्मीरी का अपना माल बेचने के लिए आना-जाना मेरे रहमोकरम पर था।

* * *

कश्मीर से शाल, अन्य गर्म कपड़े और मेवे (ड्राई फ्रूट्स) बेचने वाले कश्मीरी नवंबर के पहले हफ़्ते में दिल्ली आते हैं और पूरे एनसीआर में फैल जाते हैं । इस बार एक के भी दर्शन नहीं हुए हैं। हमारे घर के लोग चाहे कुछ ख़रीदें या ना ख़रीदें ... रैनावारी का शफ़ीक़ बिना गेट खड़काये और चाय पीकर जाने की ज़िद के साथ लौटता नहीं था। मेरे पास शफ़ीक़ का मोबाइल नंबर भी नहीं है जो उससे पूछ सकूँ कि वो इस बार आया या नहीं। हर बार सोचता था कि शफ़ीक़ का मोबाइल नंबर लेकर रखूँगा लेकिन यह सोचा ही नहीं था कि एक दिन ऐसा भी आयेगा, जब वह और उसके साथी आना बंद कर देंगे। मुझे याद आया कि शफ़ीक़ अकसर पुरानी दिल्ली के एक होटल का ज़िक्र करता, जहाँ कपड़ा बेचने वाले सारे कश्मीरी ठहरते थे और फिर वहाँ से आसपास के शहरों में सुबह ही कपड़ा बेचने चले जाते थे। वहाँ ये लोग देर रात लौटते थे और मिलकर खाना बनाते और खाते थे। मैंने सोचा कि क्यों न किसी दिन दफ़्तर से थोड़ा पहले निकलकर उस होटल में जाकर पता तो करूँ कि आख़िर इस बार कपड़ा बेचने सारे कश्मीरी ही नहीं आये या सिर्फ शफ़ीक़ नहीं आया।

* * *

बल्लीमारान की सर्पीली गलियों में किसी तरह तलाशते हुए उस होटल पर पहुँचा तो रिसेप्शन पर एक साहब उर्दू का अख़बार बाँचते नज़र आये। मैंने पूछा, 'शफ़ीक़ आया?' उसका जवाब था, 'कौन शफ़ीक़?' मैंने कहा, 'अरे वही शफ़ीक़ जो कश्मीर से कपड़े बेचने सर्दियों में आता था।' उसने कहा, 'शफ़ीक़ तो क्या, उसके ख़ानदान का भी कोई कश्मीरी इस बार नहीं आया। ... लगता है आप ख़बरों से वाबस्ता नहीं हैं, वहाँ के हालात आप नहीं जानते, किस दुनिया में रहते हैं।' मैंने कहा, 'भाई हालात से तो वाक़िफ़ हूँ लेकिन काम-धंधा तो चलता ही रहेगा ना।' उसने बिफरते हुए कहा, 'जब हालात ख़राब हैं तो कैसा काम, कैसा धंधा। इस बार तो हमने पहले से ही सोच लिया था कि कोई कश्मीरी आयेगा तो उसको कमरा भी नहीं देंगे। ... कौन दिल्ली पुलिस की मुसीबत झेले।' ... अब बिफरने की बारी मेरी थी। मैंने कहा, 'अरे, इस तरह सोचोगे तो तुम्हारे होटल में आयेगा कौन। तुम्हारा भी बिजनेस उनके आने से जुड़ा है। फिर वो लोग कपड़ा बेचने आते हैं। उन्हें बाकी बातों से क्या मतलब।' मैं अब उसे अपनी तरह से समझाने की कोशिश करने लगा।

शायद उसे मेरी अक्ल पर या बात पर तरस आया। उसने कहा, 'पुलिस के एक भी उलझाने और बदतमीज़ी वाले सवाल का सामना आप नहीं कर पायेंगे। आप क्या समझते हैं कि यह बात मुझे मालूम न होगी कि जब ग्राहक आयेगा नहीं तो हम कमायेंगे कैसे। लेकिन साहब, दो रोटी कम खा लेंगे, लेकिन पुलिस की बदमाशियाँ झेल नहीं सकते। और अब तो अयोध्या पर फ़ैसला भी आ चुका है। आप जरा सोचिये कि इतनी दूर से ऐसे माहौल में कौन ख़ुद की जान फँसाने आयेगा। कब दंगा हो जाये, कहाँ से शुरू हो जाये, कोई नहीं जानता। जब कुछ लोग दंगे पर आमादा हों तो ऐसे में हमारा आपका ख़ामोश रहना ही ज़्यादा बेहतर है। जान बची तो अयोध्या भी हमारी और कश्मीर भी हमारा। अब तक चार बार पुलिस आ चुकी है सिर्फ़ यह पूछने कि कोई कश्मीरी तुम्हारे होटल में ठहरा तो नहीं है। पुलिस वाले ख़ुद बता रहे थे कि इस बार कश्मीरी शायद ही आयें। पुलिस वालों को सब पता होता है। आज ही मैं पढ़ रहा

था कि वहाँ के सारे नेता एक महीने से नज़रबंद हैं। अब सोचिये कि जब वहाँ के बड़े-बड़े नेता नज़रबंद हैं तो बेचारे शफ़ीक़ कश्मीरी की क्या बिसात।'

मैं उसकी बात समझ गया। मेरे दिमाग में उस उजड़े हुए कश्मीर की तस्वीर घूमने लगी, जहाँ अब चिनार के दरख़्त भी कराह रहे हैं। भारतीय मीडिया तो नहीं लेकिन विदेशी मीडिया बता रहा है कि 5 अगस्त के बाद से कश्मीर में हर घर से कोई न कोई जेल में है या ग़ायब है, ऐसे में उस होटल वाले की बात वाज़िब है कि किसे काम धंधे की पड़ी है। मुझे लगा कि उससे बात करना अब फ़िज़ूल है। जब वह इतनी बातें कर रहा है तो भला मुझे शफ़ीक़ का मोबाइल नंबर ही क्यों देगा। लेकिन शफ़ीक़ को लेकर मेरी बेचैनी बढ़ गयी।

मैं लौट तो पड़ा, लेकिन शफ़ीक़ का चेहरा नजरों में घूमने लगा। कुछ चेहरे आप लाख भूलना चाहें, वो बार-बार आपके ज़ेहन में मंडरायेंगे। अगर आप बहुत भावुक और संवेदनशील इंसान हैं तो ऐसे चेहरे आपका चैन तक छीन सकते हैं।

* * *

शफ़ीक़ अपनी ज़िन्दगी की कहानी टुकड़ों में सुनाता था। ... इंजीनियरिंग करने के बाद उसके वालिद ने सोचा था कि उसे कहीं न कहीं कोई सरकारी नौकरी कश्मीर में मिल ही जायेगी। शफ़ीक़ बताता था, 'सरकारी नौकरी की कोशिश करते-करते मैं कब 30 साल का हो गया, पता ही नहीं चला। वालिद के शिकारे से बहुत ज़्यादा कमाई नहीं थी। लगातार हालात ख़राब होने पर शिकारे पर लोग पहले के मुकाबले कम आने लगे थे। वालिद मुँह से कुछ कहते नहीं थे लेकिन वह चाहते थे कि अब मैं भी घर की ज़िम्मेदारी सँभालूँ। फिर मेरे एक दोस्त ने एक दिन कपड़े का गट्ठर सँभाला और ट्रक में बैठकर दिल्ली चला गया। सर्दियाँ ख़त्म होने पर वह लौटा और उसने बताया कि यह धंधा खूब चल रहा है। लोग वहाँ असली कश्मीरी कपड़ों के दीवाने हैं। अब तू नौकरी-वौकरी क्या करेगा, यहां उधारी पर कपड़ा मिलेगा, अगली सर्दियों में चलकर मेरे साथ वहाँ बेच। अच्छी कमाई हो जायेगी। लगे हाथ उसने मुझे मार्केटिंग टिप भी

दे दी – हर बार कुछ ग्राहकों की पहचान कर उनके घर जाओ, जो ग्राहक बार-बार तुमसे ख़रीदने लगे, उसके लिए अगली बार जाते हुए मेवे का तोहफ़ा ले जाओ। इस तरह ग्राहकों का एक बड़ा बेस दिल्ली-एनसीआर में खड़ा हो जायेगा ... और तू आराम से कमाना। नौकरी-चाकरी में क्या रखा है। उससे ज़्यादा की कमाई एक सीजन में हो जाती है। फिर यहां भी दिल्ली से सामान लाकर बेचना।'

* * *

शफ़ीक़ के मेवे के तोहफ़ों ने हमें उसका पक्का ग्राहक बना दिया। शफ़ीक़ अपने दोस्त की मार्केटिंग टिप्स को कामयाब बनाने में जी-जान से जुटा था। घर में चाहे जितने का कपड़ा ख़रीदा जाए या न ख़रीदा जाए, सर्दी आते ही शफ़ीक़ का मेवे का तोहफ़ा ज़रूर आ जाता था। बादाम और अख़रोट बाज़ार में या ऑनलाइन बहुत ऊँचे दामों पर मिलते थे। शफ़ीक़ इन मेवों को हमें इतनी ख़ुशी से देता था कि मानो हम लोग उसके बहुत ख़ास ग्राहक हों। पिछले कुछ साल से यह भी हो चला था कि हम लोग शफ़ीक़ को पेशगी रकम अलग से देकर कहते कि अगली बार ज़्यादा मेवे चाहिए तो वह सुखायी गयी खुबानी भी लेकर आता था।

वह कभी-कभी बहुत कुरेदने पर लहूलुहान कश्मीर पर भी बात करता था। उसके पास तर्कों की कमी नहीं थी। वह कहता था, 'कश्मीर एक बनायी गयी समस्या है। लोग अपने घरों में अपने अपने लड़के-लड़की पर हुक्म चला नहीं पाते। लड़के-लड़की अपनी आज़ादी माँगते हैं, वे अपने मनपसंद दोस्त बनाना चाहते हैं, वे मनपसंद जगह शादी करना चाहते हैं, वे अपनी ज़िन्दगी जीना चाहते हैं। आपको कश्मीर को उन्हीं बच्चों जैसा समझना होगा। आप यक़ीन मानिये, हर कश्मीरी जानता है कि भारत के साथ रहने में ज़्यादा फायदा है लेकिन आपको उन्हें आज़ादी तो देनी ही पड़ेगी। जब वो आपसे अलग होकर जीना सीखेंगे तब उन्हें पता चलेगा कि माँ-बाप जो समझाते थे, उसमें कितना फ़ायदा-नुक़सान है। लेकिन अगर आप ज़ोर-ज़बरदस्ती करेंगे तो कोई भी बच्चा आपकी बात नहीं सुनेगा। समझदार माँ-बाप को होना पड़ेगा, बच्चों को नहीं। ... फिर ये बताइये कि इतनी भारी तादाद में फ़ौज लगाकर आपने कश्मीर को

क़ाबू किया हुआ है। उधर, पाकिस्तान ने भी अपने कश्मीर में ऐसा ही किया हुआ है। आप ही बताइये कि दोनों तरफ़ फ़ौज पर जो पैसा ख़र्च होता है, आख़िर वो किसका पैसा है। साहब, हक़ीक़त ये है कि दोनों तरफ़ की फ़ौज और उसके अफ़सर जनता के पैसे से, टैक्स के पैसे से मलाई काट रहे हैं। अगर कोई समस्या ख़त्म हो जायेगी तो फिर फ़ौज और पुलिस की ज़रूरत कहाँ पड़ेगी।' ... मैं देखता था कि शफ़ीक़ के तर्कों को मैं जितना ही काटने की कोशिश करता, वह उतना ही ज़ोरदार तर्क पेश कर देता। ... लेकिन उसके खुलूस में कोई कमी नहीं आयी। मेरे भारत समर्थक तर्कों के बावजूद हमारे घर उसका आना-जाना बना रहा और मेवों की आमद भी उसी मोहब्बत के साथ होती रही।

मुझे कुछ सूझ नहीं रहा था कि आख़िर शफ़ीक़ का पता लगे तो कैसे लगे। तभी मुझे वाहिद का ख़याल आया। वाहिद कश्मीर के थे और मेरी ही कंपनी के दूसरे विभाग में काम करते थे। अकसर कैंटीन में या मेट्रो में उनसे मुलाकात हो जाती थी। मैंने सोचा कि क्यों न वाहिद की मदद लेकर शफ़ीक़ का पता लगाया जाये। अगले दिन दफ़्तर पहुँचते ही मैं वाहिद को उनके विभाग से कॉफी पिलाने के बहाने कैंटीन तक ले आया। वाहिद ने शफ़ीक़ को लेकर मेरे सवाल सुने तो वह एक मिनट तक मुझे देखते रहे फिर कहा, 'आपका दर्द समझ सकता हूँ लेकिन आप बताइये कि जहाँ फोन-इंटरनेट सब कुछ बंद है, वहाँ आप शफ़ीक़ को कैसे तलाश कर पायेंगे। मेरी बीवी अपने बूढ़े वालदैन (माता-पिता) से बात नहीं कर पाने की वजह से डिप्रेशन में है। सर्दियाँ शुरू हो चुकी हैं। उनकी कोई ख़बर नहीं है। वैसे भी वो लोग गाँव में रहते हैं, जहाँ से किसी भी ख़बर का आना-जाना नामुमकिन है। श्रीनगर के लिए फ्लाइट की टिकटें इतनी महँगी हैं कि सोचना पड़ता है। श्रीनगर एयरपोर्ट से बाहर निकलते ही अनगिनत आँखें आपको या तो घूरने लगती हैं या सवाल करने लगती हैं। आप रैनावारी के जिस शफ़ीक़ की बात कर रहे हैं, वो तो फिर भी ठीक ही होगा, क्योंकि वह श्रीनगर से आता है लेकिन जो व्यापारी गाँवों और क़स्बों से माल लेकर आते हैं, उनका सोचिये। वो ज़्यादा दिक़्क़त में हैं। आप कितने शफ़ीक़ को याद रखेंगे। ... मुझे भी शफ़ीक़ ही समझिये। मैं बस एक कंफर्ट जोन (सुविधाजनक क्षेत्र) में बैठा शफ़ीक़ हूँ। ... कोई और शफ़ीक़ आयेगा, वो भी आपके लिए मेवे लायेगा। ... अगले

शफ़ीक़ का इंतज़ार कीजिये, इस शफ़ीक़ को भूल जाइये।' वाहिद ने एक झटके में कॉफी ख़त्म की और उठकर चले गये। मैं समझ गया कि शफ़ीक़ को तलाशना एक नामुमकिन सा काम है।

वाहिद की बातों ने मुझे झिंझोड़ दिया था। लेकिन शफ़ीक़ नज़रों से ओझल नहीं हो पा रहा था। एक हफ़्ता इसी तरह गुजर गया। मुझे किसी काम की वजह से गुड़गाँव जाना पड़ा। अभी मैं केंद्रीय विहार से सड़क पार कर ही रहा था तो देखा एक चाय की दुकान पर शफ़ीक़ मियां चाय की चुस्की ले रहे थे और बगल में उनका कपड़ों का गट्ठर रखा था। मैंने ज़ोर से आवाज़ लगायी तो वह भी चौंक कर खड़ा हो गया। मैंने उसे गले लगाया, उसकी ख़ुशी उसके चेहरे पर दिखायी दी। मैंने उलाहना दिया, 'यार, अब हम लोग भी पराये हो गये। तुम आये हुए हो और मैं तुम्हारी तलाश में कहाँ-कहाँ नहीं भटका, तमाम लोगों से तुम्हारे बारे में दरियाफ़्त किया।' शफ़ीक़ ने नज़रें नीचे करते हुए जवाब दिया, 'साहब जब सारा माहौल आपके ख़िलाफ़ हो जाये तो आप क्या करेंगे। मैं आपकी सोसाइटी के गेट तक पहुँचा, लेकिन गार्ड ने सख़्ती से मना कर दिया। उसने कहा कि आरडब्ल्यूए ने कश्मीरियों के अंदर जाने पर पाबंदी लगा दी है। साहब, हम कश्मीर में पाबंदी छोड़कर आये थे और यहाँ आज़ाद भारत में हम पर उस गार्ड ने नयी पाबंदी का हुक्मनामा जारी कर दिया। मैं उससे मिन्नतें करता रहा कि आपसे बात करा दे, लेकिन वो माना ही नहीं। उसने आपका मोबाइल नंबर तक नहीं दिया। मैं क्या करता, लौट पड़ा। फिर दूसरी सोसाइटियों में गया तो वहाँ भी इसी पाबंदी का सामना करना पड़ा। वहाँ भी हमें अंदर घुसने नहीं दिया गया।'... 'और बल्लीमारान के उस होटल में क्यों नहीं आये?' मैंने पूछा।

'अरे, साहब उनकी नज़रें भी बदल गयीं। वो तो हमारी बिरादरी से हैं लेकिन उन्होंने इस बार किसी भी कश्मीरी को होटल नहीं दिया। वो लोग कहने लगे कि इस बार रिस्क है। कमरा नहीं दे सकते। थक-हार कर हम लोग फिर घिटोरनी गाँव आ गये। वहाँ गाँव में हमें एक बुज़ुर्ग ने अपनी ज़िम्मेदारी पर कमरा दिलाया। हम 14 लोग वहीं ठहरे हुए हैं। लेकिन इस बार मामला ठंडा है। कई सोसाइटी में घुसने को मिल जाता है लेकिन बहुत सारी जगह पाबंदी का सामना करना पड़ता है। ऐसा लगता है कि भारत सरकार ने दिल्ली एनसीआर की सोसाइटियों में भी हम कश्मीरियों पर

पाबंदी लगा दी है।' ... शफ़ीक़ चुप नहीं हो रहा था, जैसे उसे बहुत सारे गिले शिकवे हों और वो उन्हें बयान किये जा रहा था। मैंने पेशकश की, 'चलो मेरे साथ मेरी सोसाइटी, देखते हैं कौन तुमको वहाँ घुसने नहीं देता है।'

उसने मुझे देखे बिना अपना गट्ठर खोलते हुए जवाब दिया, 'छोड़ो साहब, क्यों किसी के लिए दुश्मनी मोल लेते हो। जब हालात सुधरेंगे तो शायद इंसान भी हम पर से पाबंदियाँ हटा ले। अभी तो इंसान और इंसानियत दोनों मर चुके हैं।' फिर उसने मुझे एक पैकेट थमाया, उसमें अख़रोट थे। ... 'यह तोहफ़ा रह ही जाता, अगर आप आज नहीं मिले होते।' ... मैं स्तब्ध होकर उसके चेहरे को देखे जा रहा था, उसकी आँखें भीगी हुई थीं। फिर उसने गट्ठर अपनी पीठ पर लादा और केंद्रीय विहार की मुख्य सड़क की तरफ़ मुड़ गया। मैं उसे जाते हुए देखता रहा।

आलोक कुमार मिश्रा

दूध की जाति

1

मिसिराइन के प्रसव का दर्द पूरे चढ़ान पर था। दर्द ऐसा कि औरतों की यह नसीहत कि 'एतना आवाज़ ना निकारौ, बहरे मरद बइठे हैं' जैसे मिसिराइन के कान तक भी न पहुँच पा रही थी। उनकी चीख़ें सुन बाहर अधीर खड़े परमेसर मिसिर के सीने में पहले से ही तेजी से धुकधुका रहा जी और रफ़्तार पकड़ जाता। ऊपर से इस बार तो गोड़इताइन दाई और वैद बाबू दोनों ने मिसिराइन की जान पर ख़तरा भी बता रखा था। पिछले आठ-नौ महीने से जबसे मिसिराइन पेट से थीं न जाने क्यों पाला पड़े फसल की तरह सूखती ही जा रही थीं। परमेसर को कुछ समझ में न आता कि तबीयत सँभले भी तो कैसे? पिछली चार संतानें अपने पैदाइश के बाद जीवन का पहला साल भी पूरा न कर पायीं थीं और काल के गाल में असमय समा गयी थीं। पहला तो सेवरी में चढ़े बुखार से ही चल बसा था, दूसरा हैजे की भेंट चढ़ गया और तीसरे को साँप ने डस लिया था। चौथी संतान के मामले में काफ़ी टोटके भी किये गये जिससे उसे लंबी उम्र नसीब हो जाये। पैदा होते ही उसे गाँव के बढ़ई-बढ़इन के हाथ नाम के लिए अनाज के बदले बेच दिया गया था। पूर्वांचल के इस क्षेत्र में यह विश्वास बड़े पैमाने पर प्रचलित था कि 'बहुत बार माँ-बाप की किस्मत का दोष बच्चों पर लग रहा होता है। इससे उबरने के लिए माँ-बाप ही बदल दिये जायें तो भाग्य की काली छाया छूट जाती

है।' न जाने क्यों दोष मेहनतकश लेकिन छोटी मानी जाने वाली जातियों के साथ सौदा करने पर ही कटेगा, यह भी माना जाता। पता नहीं इसके पीछे इन श्रमशील लोगों द्वारा ख़ुद की ज़िन्दगी में पसरी बेहाली और दुश्वारियों को अपनी जिजीविषा से हँस-हँस कर पार पा लेने की क्षमता के प्रति छिपा हुआ सम्मान था या फिर यह भी स्वयं को ऊँचा मानने वाली इन जातियों की षडयंत्रकारी लेकिन अतार्किक रणनीति थी जिसमें अपने भाग्य के दोष को इन शोषितों के हवाले कर ख़ुद को हर हाल में फ़ायदे में रखना था, कुछ कहा नहीं जा सकता। हालाँकि यह सब नाम के लिए ही होता था। संतान तो जिसकी होती उसी की आगे भी रहती। बस कहने को इंसान की पहचान में उम्र भर तौलन, बेचन, जोखई जैसे नाम ज़रूर चस्पा हो जाते थे जिनका संबंध ख़रीद-फरोख़्त के सौदे से होता था।

लेकिन परमेसर के लिए तो यह टोटका भी बेकार साबित हुआ। सात महीने की ज़िन्दगी ही चौथी संतान के हिस्से आयी। न जाने क्या हुआ था? तेल-बुकवा कर मिसिराइन ने बड़े लाड़ से लोरी गा-गा कर पालने में उसे सुलाया था। दुपहरी में ही साँझ के काम निपटाने लग गयी थीं कि लल्ला जगे तो वह उसके साथ रह पायें, उसके नखरे उठा पायें। दो घंटे तक काम करते-करते मिसिराइन को ही दूध पिलाने की हूक उठी। 'अब बच्चा रोवै ना तो का दूधौ न पावै' यही सोच मिसिराइन ने बेटे को पुचकार कर गोद में उठाया। पर यह क्या? ... उसका बदन बहुत ठंडा हुआ पड़ा था, हाथ-पैर बिल्कुल ढीले हो इधर-उधर लटक जा रहे थे। मिसिराइन को पहले तो कुछ समझ ही नहीं आया। पर कुछ देर तक कोई हरकत होती न देख उसने साँस पर ध्यान दिया तो उसे चलता हुआ नहीं पाया। वह चीख़कर वहीं गश खाकर गिर गयीं, बच्चे का शरीर भी उसके हाथ से लुढ़ककर वहीं ज़मीन पर पसर गया।

चौथी संतान का ग़म मिसिराइन के जी में बैठ गया। दिन के दिन रोती रहतीं, न समय पर खाती-पीतीं, न ही हंसती-बोलतीं। शरीर का भी कोई ध्यान न रखने से गलने सी लगीं। दवा-दुआ सब बेकार ठहरने लगे। पड़ोस की चनवापुर वाली काकी ने परमेसर को समझाया, 'संतानै देखि कै मिसिराइन कै सेहत अब सुधरी बेटवा ... लेकिन भइया अबकी एक काम किहेव, मिसिराइन कै कोख नीक बाय लेकिन गोद नाहीं ... बच्चा होतै दुसरे के गोदि मा डारि दिहेव, उहो कउनो नीच जात किहां ढेर

दिन खातिर। उहीं के पुन्नि-परताप से भगवान जियइहैं।' परमेसर को तो अब जो भी सलाह मिलती वही भाती और वह उसे कर भी डालता। बस इतना ही बोला, 'काकी देखि जाई, अबहीं तो मिसिराइन कै सेहत देखत हियु।' इधर वैद ने यह कहकर चिंता बढ़ा ही दी थी कि 'अब बच्चा जनै के माने मिसिराइन के जान कै ख़तरा।' पर परमेसर मिसिर साल भीतर ही यह ख़तरा लेने को तैयार हो बैठा। ख़तरे का यह वही दिन था जो समय से थोड़ा पहले शुरू हो गया था।

मिसिराइन की चीख़ लगभग दबाते हुए गोड़इताइन दाई कहती, 'सबर करौ मलकिन, तोहार कउनो पहिला थोड़ै न होय। चार पहिलेव जने हिय, लेकिन ऐसन तो कबौ नाहीं किहिव।' बैद बाबू एक-दो बार अंदर आकर नब्ज़ टटोल चुके थे। परमेसर को तो उन्होंने सलाह भी दे दी थी कि गाड़ी-मोटर का इंतज़ाम कर सत्तर किलोमीटर दूर गोरखपुर अस्पताल ले जाने की तैयारी करे, मामला गंभीर है। एक-दो लड़कों को परमेसर ने गाड़ी ढूँढने के काम पर लगा भी दिया।

पिछले दो-चार मिनट में मिसिराइन की चीख़ कम होते-होते बिल्कुल बंद सी हो गयी थी। परमेसर मिसिर की नज़र यह सोचकर चौखट के भीतर ही धँस गयी थी कि आख़िर इतना सन्नाटा क्यों हो गया है। इससे पहले कि कंठ से आवाज़ फूटती बच्चे के रोने की आवाज़ सुन खुशी से गला ही भर आया, बोलता क्या? बच्चे की आवाज़ बनकर आयी खुशी कानों से सरककर नीचे कलेजे तक पहुँची भी थी कि नहीं, भीतर से औरतों की कोरस में उठी चीख़ ने मिसिर के सब्र का बाँध तोड़ दिया। जानने के लिए आँगन में आ पहुँचा। कमरे से बाहर निकल चनवापुर वाली काकी और भंइसहिया वाली भौजी परमेसर का कंधा पकड़ रोने लगीं। घिग्घी बँधे मिसिर के कुछ पूछने से पहले ही भंइसहिया वाली रोते हुए बोल पड़ी, 'मिसिराइन बहिनी छोड़ि गईं हम सबकां, वहि लरिका कै भी खयाल न किहिन ...। रे ददई।'

भौंचक्का परमेसर इससे पहले कि कुछ करता बच्चे के रोने की आवाज़ उसके कान को फिर भेद गयी। उसने दौड़कर उसे गोद में ले लिया और सुबकने लगा। बैद बाबू ने अंदर आकर मिसिराइन की नब्ज़ और आँख जाँच कर उनके चल बसने पर मुहर लगायी। उन्होंने बच्चे के भी बेहद कमज़ोर होने और ख़ास ध्यान रखे जाने की ज़रूरत बताकर चिंता और बढ़ा दी। वह बोले, 'परमेसर भइया, लल्ला बहुतै कमज़ोर

है। इहकां गाय-भैंस कै दुध बहुत भारी परी, पची नाहीं और महतारी बची नाहीं ... राम भली करै।' यह बात सुन परमेसर को अनायास ही महीनों पहले चनवापुर वाली काकी की कही बात मन में कौंध गयी कि, 'केहू दुसरे के गोद मा बच्चा डारि दिहेव, मिसिराइन कै कोख नीक है गोद नाहीं।'

'पर केकरे गोद मा ... आसपास बच्चा जनी औरत कहाँ हय ... न ही पटीदारी मा न ही रिश्तेदारी मा ... ऊपर कै दूध पिलाय नाही सकित ... का करी?' सोच-सोच कर परमेसर का बुरा हाल हो रहा था। मिसिराइन का ग़म भूल वह बेटे की चिंता में डूब गया था। तभी गोड़इताइन दाई परमेसर के गोद से बच्चा ले बोली, 'लाओ मलिकार भइया, लल्ला को हम देखी। तुम मिसिराइन के माटी कै परबन्ध करौ।'

गोड़इताइन को देख परमेसर की नज़र उस पर टिक गयी जैसे पहली बार उसे देख रहा हो। दरअसल उसे चनवापुर वाली काकी की कही आगे की बात याद आ गयी कि 'ऊहो कउनो नीच जात किहां, ढेर दिन खातिर। उहीं के पुन्नि-परताप से भगवान जियइहैं'।' उसे यह भी याद आया कि अभी तीन महीने पहले ही गोड़इताइन का आदमी पूसन, जो उसके यहाँ सालों से हलवाहा है, उससे यह कहकर खेत के काम से दस दिन की छुट्टी लेकर गया था कि 'ऊ बाप बनै वाला है।' यह सब याद आते ही मानो परमेसर को रास्ता सूझ गया। वह गोड़इताइन का हाथ पकड़कर बोला, 'गोड़इताइन हमरे बच्चा का खाली देखव नाहीं, बल्कि अब तूं एकर महतारी बनौ। जइसे अपने लरिका का दूध पियावत हियु वैइसे हमरे लालौ का संभारौ।' यह कहकर वह 'अरे हमार मिसिराइन' कह-कह रोने लगा। मानो एक बहुत ज़रूरी काम निपटा दूसरे काम में जुट गया हो। पहले तो गोड़इताइन और वहाँ खड़ी औरतों को लगा कि परमेसर दुःख से विकल होकर जो मन में आ रहा है वो कह रहा है। वरना कहाँ गौतम गोत्री उच्च कुल ब्राह्मण और कहाँ अछूत जात गोड़इताइन ... भला ये कैसे संभव? बच्चे प्रतीकात्मक रूप में छोटी जाति को देने की परंपरा ज़रूर थी पर इस तरह अछूत जाति को नहीं। हमेशा छू जाने से भी बचने वाला परमेसर आज हाथ पकड़कर बच्चा संभालने को कह गया तो इसकी वजह लगे आकस्मिक आघात को माना गया। वरना तो गोड़इताइन किसी नये जच्चे-बच्चे की गर्भनाल काटने और अगले कुछ दिन तक देखभाल करने वाले दिनों के अलावा इन बाभनों के घर घुस भी नहीं पाती थी ... दूध

पिलाना, इनके बच्चों की ख़ुद को महतारी समझना ... नामुमकिन जैसा था।

रोता-बिलखता परमेसर सर ऊपर उठाकर फिर बोल उठा, 'गोड़इताइन का चाहत हियु? मिसिराइन के साथे का यह छोट जान कां भी समसान लेइ जाई? ... अरे एकर गला तर करौ ... दूध पियावो औ संभारौ।' पहले से हैरान-परेशान गोड़इताइन ने मानो स्पष्ट करने के लिए पूछ लिया, 'लेकिन हम कइसै मलिकार? का हमार दूध लरिका पी सकत है?'

'जात-पात के चक्कर मा समय न गंवाओ, अब भगवान कै इहै मरजी समझ कै लरिका संभारो।' परमेसर की बात के बीच चनवापुर वाली ने कुछ टोकना चाहा तो परमेसर ने हाथ से रोक बात ख़त्म करने का इशारा किया। मौक़ा ऐसा न था कि बहस की जाये। परमेसर के ज़ोर देते ही गोड़इताइन ने उस चीख़-पुकार की जगह से हट अपने घर लाकर बच्चे को माँ की तरह दूध पिलाया और उसे साफ़-सुथरा कर अपने बेटे के बगल में सुला दिया।

क्रिया-कर्म की प्रक्रिया के बाद दबे पड़े इस बवंडर को फिर से परमेसर को ही सँभालना पड़ा। वैसे घर में था ही कौन, बस पटीदारों को चुप कराना था ...। सो परमेसर ने कह दिया, 'हमार कउनो बच्चे एक बरस कै जीवन भी नाही जी पाइन ... अब ई टोटका समझौ चाहे हमरे मन कै भरम-बिस्वास, हमार लरिका एक बरस पूर होय तक गोड़इताइन के घरहीं पली-बढ़ी। का पता उहीं कै हवा-पानी जीवन दइ जाय।' सभी ने दुःखी पिता के मन का विश्वास मान ज़्यादा हुज्जत नहीं की।

दो दिन के अंदर ही परमेसर ने अनाज, घी, मेवे सब एक डेलवा में भरवा कर गोड़इताइन के घर भिजवा दिया और कहलवा भेजा कि, 'दुइ-दुइ बच्चा का दूध पियावै के लिए शरीर में खानगी बहुत चाहीं ...। सो ई कुल खात रहौ।' पूसन के मना करने पर भी वह माना नहीं। इस फैसले में गोड़इताइन की रज़ामंदी वैसे तो पूछी गयी ही नहीं थी न ही इसकी ज़रूरत समझी गयी थी, लेकिन उस नन्हे मासूम में उसे अपने तीन महीने के बेटे सुखराज की छवि ही दिख रही थी, वैसी ही ममता उमड़ रही थी जैसे कि अपना जाया हो। ऊपर से मिसिराइन और उसके अच्छे व्यवहार को याद कर उस बच्चे के लिए उसका प्यार- दुलार और बढ़ जाता। उसने इस बच्चे का नाम रखा

बुद्धिराज। बुद्धिराज यानि सुखराज का भाई और उसका दूसरा बेटा। परमेसर मिसिर ने इस सबमें कोई दख़ल नहीं दिया।

2

तेरहवीं हो गयी, धान की कटाई का काम भी पूरा हुआ, अनाज घर में आ गया। एक भैंस थी जिसे देखभाल न हो पाने के कारण परमेसर ने बेच दिया। पर अब उसका समय बहुत मुश्किल से कटता। न घर भीतर कोई इंसान, न घारी में कोई जानवर। बस सुबह-शाम पड़ोस के चन्ने यादव की बिटिया खाना बनाकर रख जाती या फिर उसी के खेतों में काम करने वाला उसका हलवाहा पूसन साँझ-सवेरे घर पर आ जाता और कुछ यहाँ-वहाँ की बतियाता। परमेसर अपने ग़म से उबरने की कोशिश करता मगर कभी मिसिराइन को याद कर और कभी अपने बच्चे को, तड़प उठता। मिसिराइन से न सही वह अपने बेटे से तो मिल ही सकता था। नन्ही जान को घर तक बुलवाने से बेहतर वह पूसन के साथ उसकी झोंपड़ी तक आ जाता। बाहर ही बेटे बुद्धिराज को मँगवाकर दुलार लेता। न जाने क्यों एक साथ उसे मिसिराइन और बेटे दोनों से मिलने का सुख मिल जाता। गोद में लेते ही अजीब सी खुशी और संतुष्टि से वह लहलहा उठता। सारे ग़म कुछ पल को छूमंतर हो जाते। अकसर पूसन भी परमेसर से बुद्धिराज की बातें ही करता। वह उसकी चंचलता, बुद्धिमानी, मुस्कुराने, गूं-गूं कर आवाज़ निकालने और अपनी बात कहने की कोशिश करने जैसी बाल सुलभ हरकतें बताता। परमेसर ऐसे सुनता जैसे छोटा बालक कोई परीकथा। हालाँकि अधिकतर समय अकेले में वह उदासी और निराशा से ही घिरा रहता। चार-पाँच महीने का हो जाने पर पूसन बुद्धिराज को गोद में लिये कभी-कभी परमेसर के पास ख़ुद ही ले आता। कुछ मुलाकातों के बाद नन्हा बालक भी परमेसर को पहचान सा गया। अपने हाथ-पैर से वह परमेसर की ठुड्डी-गाल को छूता, होंठ फैलाकर मुस्कुराता-हँसता। परमेसर जी सा उठता।

पर संकट के समय चुप हो गया सारा मिसिराना पटीदार कुछ ही महीनों में फिर कुनमुनाने लगा था। गोद में बुद्धिराज को लिये पूसन जब बभनाना टोले में कदम रखता

लोग जल-भुन जाते। कहते, 'ससुरा बाभन कै पूत लिहे खुदौ बाभन माने लाग है ...। चाल तो देखव सारे कै।' पूसन सुनकर भी अनसुना कर देता। पर उसके साथ- साथ लोग अपने ही जात-वंश के बुद्धिराज को भी छूने या गोद में उठाने से कतराते तो उसे बुरा लगता। लेकिन पूसन ही नहीं परमेसर भी यह सब देखते समझते हुए भी कुछ न बोलता। मन में सोचता 'बस कुच्छै दिन कै बात है।'

इधर गोड़इताइन के ममता के आँगन में खिले हुए दो जुड़वाँ गुलाब की तरह सुखराज और बुद्धिराज अपनी सुगंध बिखेर रहे थे। गोड़इताइन के मन में यह ख़्याल भी ना आता कि बुद्धिराज दूसरे की अमानत है। अकसर पूरा दिन अपने इन बच्चों में ही व्यस्त रहती। ससुराल आने के कुछ वर्षों बाद ही उसकी सास का देहांत हो गया था, जो उस समय तक पूरे गाँव की गोड़इताइन दाई थी। अपने काम में उसका कोई सानी नहीं था। औरतें कहतीं कि 'गोड़इताइन के हाथ मा जादू बाय। छुइ लेय तो दरद हरि उठै।' सास ने कुछ ही दिनों में अपना यह हुनर बहू आशा को दे दिया था। उसके गुजरने के बाद अब वही पूरे गाँव की गोड़इताइन दाई बन चुकी थी। गर्भनाल काटने और जच्चे-बच्चे की देखभाल करने वाली महिला पूर्वी उत्तर प्रदेश के इलाकों में गोड़इताइन दाई के नाम से जानी जाती। वैसे तो अछूत मानी जाने वाली इस जाति के लोगों का यह पुश्तैनी काम माना जाता पर जीवन के इस अनोखे पल की ज़िम्मेदारी से जुड़ा महत्त्वपूर्ण काम होने के कारण गोड़इताइनें अपनी ही जाति के अन्य सदस्यों से कुछ ज़्यादा मान पातीं। ख़ासकर उन दिनों में जब बच्चा पैदा हुआ हो। सवा महीने उसे बेरोकटोक घर में आने-जाने, जच्चा-बच्चा की देखभाल करने, ज़रूरी हिदायत देने की छूट रहती। भले ही उसके बाद उनकी परछाई और उसके छू जाने को भी अपवित्र माना जाता। खैर ... आशा अब गोड़इताइन थी और इस काम की पहचान से जुड़ा उसका नाम भी अब यही हो चुका था।

समय बीता। बुद्धिराज एक साल से ऊपर का हो चुका था। परमेसर ने बच्चा अपने घर लाने की बात न ही कही और न ही पूसन या गोड़इताइन ने कुछ कहा। इस धान की फसल के बाद भी परमेसर अपने बच्चे का ख़याल कर अनाज, कपड़े, फल आदि पूसन के घर भिजवा चुका था। इधर कुछ पड़ोसियों ने बुद्धिराज को घर लाने की बात छेड़ी तो परमेसर बोला, 'बहुत छोट जान है ...। के देखी इहां ... घर मा औरत न होय

तो बच्चे न पालि सकैं।' पड़ोस की चनवापुर वाली ने ही मोर्चा संभाला, 'तो का लरिका उहीं रखबो ...। पूरा कुजात बनाइ देबो ...। ऐसन करो दूसर बियाह करि लेव ... एतने धन- दौलत पर जरूरै केहू ना केहू आयी औ तबै लरिका कै संभार होई।'

परमेसर बात अनसुना कर देता इससे पहले ही पास बैठा पूसन बोल पड़ा, 'हां मलिकार, आपकै घर बसि जाई ...। मिसिराइन के जाय के बाद तोहरे खाय पिए कै भी ठिकाना ना है, दूसर बियाह कइ लेव।' परमेसर पिछले दुःख से बहुत हद तक उबर चुका था। जीवन में अकेलापन खल भी रहा था। लेकिन उसे अब तक दूसरे ब्याह की बात का ख़याल भी नहीं आया था। यह सब सुनकर और अपने बच्चे की अपने घर पर आँखों के सामने परवरिश की बात सोचकर उसे यह बात कुछ जँची। वह इतना ही बोला, 'देखि लेव काकी, जैसन उचित लागै।'

3

बरस बीतते-बीतते परमेसर मिसिर की नयी मिसिराइन घर में आ गयी। मानो फिर से वन में बसंत आ गया, मानो फिर से किसी खंडहर में पदचाप होने लगी, मानो फिर से मकान घर बन गया। नयी मिसिराइन सुधा अपने पहले ब्याह में गौने जाने से पहले ही विधवा हो गयी थी। माँ-बाप ने मन मसोसकर इस ब्याह के द्वारा जहाँ उसकी ज़िन्दगी दोबारा गुलजार करने की कोशिश की थी वहीं उम्र में उससे दस-बारह साल बड़े परमेसर को भी अपनी ज़िन्दगी दुबारा आबाद होते हुए दिखायी दी। दो-चार महीने तो यूँ ही बीत गये। परमेसर और बाकियों को भी लगा कि नयी-नवेली दुल्हन पहले घर-बार में रम जाये तब बच्चे की ज़िम्मेदारी उस पर डाली जाये। लेकिन यह तो उनका सोचना था। नयी मिसिराइन चाहती ही नहीं थी कि परमेसर यानी उसके पति का लाडला बुद्धिराज वहाँ उसकी गृहस्थी में आकर अपनी जगह बनाये। वह तो चाहती थी कि उसका जाया बच्चा ही इस बड़े घर के आँगन और दुवारे खेले- कूदे। जब कभी पूसन नन्हे बुद्धिराज को लेकर आता वह घर के अंदर ही घुसी रहती और ख़ुद को काम में व्यस्त दिखाती। ऊपर के मन से कभी-कभी या परमेसर के रहने पर ही वह उसे गोद में लेती। उसका रूखा व्यवहार सबको दिखता भी और चुभता भी।

एक बार तो उसने परमेसर से दबी ज़ुबान में यह भी कह दिया कि, 'बेटा भले आप कै होय पर होय तो कुजात गा है। वनहीं लोगन कै रंग-ढंग पाय गा है।' परमेसर के आँख दिखाने पर उसने बात बढ़ाई तो नहीं पर उसे छूने- खेलाने के बाद नहाने, कपड़े बदलने आदि सब देखकर परमेसर दुखी हो जाता। एक बार पूसन जब बुद्धिराज को लेकर आया तो मिसिराइन ने बड़े जलवे दिखाये। अव्वल तो उसने बुद्धिराज के साथ-साथ अंदर घुस आये सुखराज को घर के बाहर भेज दिया वहीं पूसन से आगे से उसे साथ न लाने की हिदायत भी जड़ दी। पूसन कुछ कह तो न सका पर अब इससे बचने लगा। नयी मिसिराइन के व्यवहार से तंग आकर उसने बुद्धिराज को भी लाना बहुत कम कर दिया। परमेसर भी स्थिति भाँपते हुए इस पर ज़ोर नहीं देता था। जब मन होता तभी पूसन से कहकर बेटे को बुलवाता या ख़ुद चला जाता मिलने।

धीरे-धीरे बुद्धिराज पाँच बरस का हो गया। पूसन और गोड़इताइन उसे सुखराज की तरह ही अपने कलेजे से लगा कर रखते। बुद्धिराज भी उन्हें बापू-अम्मा कहता और ख़ुद को उनकी ही संतान समझता। जब कभी पूसन गोड़इताइन से कहता कि 'यक न यक दिन तो आपन लिरिका मलिकार लेइ लिहैं ...। जादा जी न लगाओ' तो गोड़इताइन की आँखों से नीर झरने लगता। वह यह सोचकर भी दुःखी हो जाती। बस इतना ही बोलती, 'वनके ख़ून इहमाँ है तो हमार दूध भी तो है ... ई हमार बाबू होय।' पूसन आगे कुछ न बोलता। गोड़इताइन ने कभी भी बुद्धिराज और सुखराज के बीच दो भात न किया।

इधर बुद्धिराज अपने पाँचवें वर्ष में विचर रहा था तो उधर नयी मिसिराइन का अब तक ख़ुद माँ न बन पाने का दुःख बढ़ते-बढ़ते बुद्धिराज नाम के मरहम तक पहुँच रहा था। अबकी बार मायके में माँ ने उसे समझाया भी था कि 'बिटिया अब आपन मन अपने पति के ख़ून बुद्धिराज मा लगाओ। उहीं कै महतारी बनौ ... आपन भाग सुधारौ।' मजबूरी में ही सही उसे बात अच्छी लगी थी। ससुराल आकर उसने अपना व्यवहार बदल लिया था। पूसन से बुद्धिराज को घर लाने को लगभग रोज़-रोज़ कहती। आने पर दुलारती, ज़्यादा देर रुकने को कहती, अच्छा-अच्छा बना कर खिलाती और रात में भी वहीं रोकने की कोशिश करती। पर हाय रे निर्मोही बुद्धिराज! सब का मान रखता, खाता-पीता, खेलता-कूदता और फिर गोड़इताइन को याद करके

'हम अम्मा लगे जाब' कह-कह कर के पूसन को वहाँ से उसे वापस ले जाने को मजबूर कर देता। अब तो नयी मिसिराइन परमेसर को भी समझाने लगी थी कि, 'आपन लरिका अपने घरे-दुवारे लेइ आवो। अब तो जनम दोस कटि गा होई। भाई- पटीदार भी अब कोसत हैं। जेतना बड़ा होई सब कुजाति मा गिनै लागी ... अब्बै से लोगे टोका-टाकी करत हैं।' परमेसर इस बदलाव की वजह कुछ तो समझ पा रहा था फिर भी वह इससे ख़ुश था। वह कहता, 'लरिका है अबहीं। धीरे-धीरे कोसिस करौ। आयी-जाई तो इहाँ मन लागै लागी। अबहीं गोड़इताइन के हिंये लाग है। परेसान न होव।' पूसन भी इस बदलाव को भाँप दुबारा से बुद्धिराज को अपने साथ ज़्यादा लाने लगा था और गोड़इताइन को भी मानसिक रूप से तैयार करने लगा था।

4

हर बार की तरह इस बार भी कार्तिक पूर्णिमा का स्नान बुद्धिराज अपने पिता के साथ कर पाये इसलिए पूसन और गोड़इताइन बुद्धिराज को लेकर सुबह ही परमेसर के यहाँ के लिए निकले। पूसन ने अपने एक हाथ की उँगली बुद्धिराज को पकड़ायी तो दूसरे हाथ की सुखराज को। आज गोड़इताइन भी साथ थी। बाभन टोले में कदम धरा ही था कि अपने दुवारे के कुएँ पर नहाकर सूरज को जल दे रहे साधू मिसिर को बुद्धिराज ने चलते हुए छू लिया। उसे एक हाथ से पूसन का हाथ पकड़े देख साधू मिसिर का माथा भन्ना गया। वह बुद्धिराज को धकियाते हुए बोला, 'ससुर तें भले हमरे कुनबे-पटिदार के ख़ून-पेसाब कै होस, लेकिन रहत तो अछूत किहां हे ... सबेरे-सबेरे धरम भरस्ट कइ दिहिस सार।' बुद्धिराज तो कुछ न समझ पाया। बस सहम कर गोड़इताइन की साड़ी पकड़ उसी में मुँह छिपाकर खड़ा हो गया। पर यह देख गोड़इताइन का पारा भी गरम हो गया। उसने बुद्धिराज को सँभालते हुए कहा, 'साधु बाबू बच्चा पर काहे खार खात हौ ... तुहैं हमसे परेसानी हय तो हम्मैं कहौ ... लरिका का काहे होंपत हौ। आख़िर होय तो तोहरही लोगन कै।' साधू मिसिर को ऐसे बयान की उम्मीद न थी। उसे यह छोटी जात गोड़इताइन का दुस्साहस लगा। वह और बुरी-बुरी बातें मुँह से निकालने लगा। बोला, 'ई परेमसरा तोहरे जइसन छोट लोगन का मूड़े पर चढ़ाये बाय,

जो इहां बीस दाईं दिन भर मा हमरेन के टोला मा घुसी रहत हियु ... उहीं से उलझौ, हमसे नाहीं ... हम छोट जात का मुँह नाईं लगाइत। अब बोलिव तो हम से बुरा क्यो न होई।' गोड़इताइन को यह जली-कटी और गरिमा को तार-तार करने वाली बातें अंदर तक बेध गईं। पूसन के शांत कराने के बावजूद वह उबल पड़ी। बोली, 'अच्छा हम छोटे लोग ... जनम पर हमहीं नार-बेवार काटी ... गाढ़े बखत काम आयी ... खेत, दुवार, जनावर हमहीं देखी अउर हम छोटे लोगन-छोट जात होई!

'अउर का तू ब्रह्मा जी कै नानी होव? बाभन कै लरिका पालि कै बभनिन होइ गइव?' साधू क्रोध से तमतमाते और मूँछें फड़फड़ाते हुए बोला। गोड़इताइन भी उबल पड़ी। 'हमरे मिन्नत पर नाहीं अपने मन से अपने बेटवा के जीवन खातिर मिसिर बाबू ई लरिका सौंपिन रहा। हमसे पूछिन नाईं रहा न ही हम माँगै गै रहेन। हम्मै छोट जात भले कहौ करेजा बहुत बड़ा है। पूरे लाड से पालित है जइसे सुखराज वइसे बुद्धिराज।'

हो-हल्ला सुन कुछ भीड़ भी जुट गयी थी। दो-तीन घर दूर ही परमेसर के कान में आवाज़ पड़ी तो वह भी दौड़ा चला आया और हो क्या रहा है, यह समझने की कोशिश में लग गया। साधु, गोड़इताइन के ज़ुबान चलाने को अपनी बेइज़्ज़ती समझ रहा था। उसने उसके आत्मसम्मान पर बड़ा हमला बोलते हुए कहा, 'तो ई मा कउनो एहसान किहे हियु? कपड़ा, अनाज, तोरे मरद के काम सब तो परमेसरा दिहे है। अब का मूड़े पे बैठबू?' गोड़इताइन आज पीछे हटने को तैयार नहीं थी। वह इस अपमान को सह न पायी और बोली, 'ई एहसान न जतावो। हमार मरद काम करत है तब कमात है। औ तूं स्कूले गा हौ कि नाहीं, हम नाईं जानित लेकिन हम सात दरजा पढ़ाई किहे हन। कानून मा क्यो न छोट-बड़ा है, सब बराबर है, जानत हौ कि नाहीं?' गोड़इताइन कह तो सब सही ही रही थी, पर साधू को ये बराबरी और कानून की बात कहाँ समझ आनी थी। वह तो यह सोचकर हैरान था कि 'भला बाभन के मुँह ई छोट जात औरत कैइसे लगि सकत ही?' अब उसके कुंद दिमाग का शब्दकोश खाली हो चुका था तो ज़ुबान से क्या बोलता। तमतमाहट में वहीं कुएँ के पास पड़े एक शीशम के डंडे को उसने हाथ में उठा लिया। 'तोर एतना हिम्मत' कहते हुए उसने गोड़इताइन को डंडा फेंक कर मारा। गोड़इताइन ने बचने के लिए शरीर को झुकाकर जैसे ही ख़ुद को दूसरी ओर खींचा, संतुलन बिगड़ा और वहीं नहाने से पैदा हुए फिसलन की वजह से फिसल

कर बिना जगत वाले कुएँ में जा गिरी। एक बड़े छपाक की आवाज़ आयी, क्षण भर को सन्नाटा पसर गया और फिर कोलाहल। गोड़इताइन को अब तक चुप कराने की कोशिश में लगा पूसन भी स्तब्ध रह गया। दौड़कर कुएँ में झाँकते हुए वह रस्सी लाने की गुहार लगाने, चीख़ने और चिल्लाने लगा। वह कभी सुखराज और बुद्धिराज का ध्यान आने पर उन्हें कुएँ से दूर खड़ा कर आता और कभी 'हाय-हाय' करते हुए खड़ी भीड़ और बाभनों के घरों की ओर आशा भरी निगाह से देखने लगता। अब तक अंदरखाने साधू मिसिर का पक्ष लिये खड़ी भीड़ भी हैरान-परेशान होकर आसपास के घरों में रस्सी और खाँची ढूँढने-टटोलने में लग गयी। साधू मिसिर तो मारे घबराहट के टोला छोड़ खेतों की ओर कहीं नौ दो ग्यारह हो गया। रस्सी लाने और कुएँ में बाँधकर खाँची उतारने में ही दस-पंद्रह मिनट का समय लग गया। अब तक कई बार हाथ-पाँव मार गोड़इताइन ढेर सारा पानी पी चुकी थी। एक तो उसे तैरना न आता था, ऊपर से चिकनाहट के कारण कुएँ की दीवार भी पकड़ में न आती थी। कुछ ही मिनटों में उसकी कोशिशें और चीख़ दोनों शांत हो गये। पानी में खाँची डालने का फ़ायदा नहीं हुआ क्योंकि गोड़इताइन का शरीर डूब चुका था और खाँची की पकड़ में नहीं आ रहा था। अब किसी न किसी को कुएँ में रस्सी बाँधकर उतरने की ज़रूरत थी। पर कौन उतरे? पूसन तो बेहाल हो चुका था।

अब तक झगड़े को शांत करने और समझने में लगा परमेसर भी यह सब देख हिल गया था। जब खाँची डालने का कोई फायदा न हुआ तो वह ही रस्सी बाँधकर ख़ुद कुएँ में उतरा। डूबकर नीचे पहुँच चुके गोड़इताइन के शरीर को डुबकी मारकर उसने टटोला। शरीर को कपड़े से बाँधकर उसे अपने कमर से लपेट और रस्सी को मज़बूती से पकड़ उसने दोनों शरीरों को ऊपर खींचने का इशारा किया। गोड़इताइन के बाहर आते ही पूसन दौड़कर उसका पेट दबाने लगा। उसने सुना था कि डूब रहे व्यक्ति के पेट का पानी निकालना ज़रूरी होता है। कुछ पानी निकला भी। अब तक पूसन के टोले के लोग भी आ चुके थे। कुछ लोगों ने गोड़इताइन के नाक के पास उँगली लगाकर और नब्ज़ टटोलकर यह बोल दिया कि 'जान बाकी नहीं है।' पूसन सीना पीट-पीटकर साधू मिसिर को कोसने लगा। कहता, 'गोड़इताइन तोहरे सबकै भलै किहे रहीं ... कुछ बिगाड़ै नाहीं रहीं ... अरे साधू काहे मारि डारेव हमरे मलकिनिया के?'

साधू तो अब तक ग़ायब हो चुका था पर अब तक सांत्वना के भाव से भर चुकी भीड़ के बीच से साधू मिसिर का बेटा चन्दर बोल पड़ा, 'अरे! इहिं मा बाबू जी कै का गलती? कहा-सुनी में गोड़इताइन कै पैर खुदै फिसल गय ... वैं भलमानस तो छोट जातिन के छूबै न करते ... ढकेलिहैं कइसे?' अपराधबोध में डूब रही भीड़ के अधिकतर लोगों के मन में उठ रही मानवता को दबाकर यह बात फिर से बाभनपना जगा गयी। उन्होंने चन्दर की बात के पक्ष में सिर हिलाया और सुर मिलाया। पर पूसन अपनी बात दुहराये जा रहा था। वह वहाँ से गोड़इताइन का शरीर तब तक हटाने को तैयार न था जब तक कि पुलिस ना आ जाए। वह कहता 'गोड़इताइन के हत्यारेन के सजा मिलै के चाहीं, अब हमार लरिका के देखी? हे भगवान ...। ई का होइगै?' अब तक पूसन के टोले का किसोर गाँव से तीन किलोमीटर दूर थाने में इत्तला कर आया। दारोग़ा भुवन पाठक जो संयोग या दुर्योग से साधू मिसिर की बहन का देवर ही था, दो सिपाही साथ लिये आ पहुँचा। रिश्तेदारी और जातीय श्रेष्ठता के दंभ से दबा भुवन अपने लोगों की संलिप्तता देख पूरी घटना को हादसे की शक्ल देने में जुट गया। पूसन के बार-बार साधू को दोष देने की बात पर वह कहता, 'अरे कउनो गवाह अउर सबूत बाय तोहरे लगे कि ऐइसे ही साधू के जेल मा डारि दी।'

'इहाँ तो सबै रहे, केहू से पूछि लेव साहब।' पूसन ने रोते हुए पूरे विश्वास से कहा। वह भूल गया था कि इस देश में भीड़ अकसर जाति और धर्म की होती है इंसानों की नहीं और यहाँ भी बाभन खड़े थे लोग नहीं। वह हैरान हो रहा था कि कोई भी उसकी बात का समर्थन क्यों नहीं कर रहा था जबकि सबने यह होते हुए देखा था कि कैसे साधू के हमले से गोड़इताइन कुएँ में गिरी थी। चुप्पी तोड़ते हुए चनवापुर वाली बोली, 'अरे भइया जउन भय बहुतै बुरा भय। पर इहिमा साधू कै कउन दोस? ऊ तो नहाय कै हटा रहे औ गोड़इताइन बिछलाय कै कुआँ मा जाय गिरीं ... होनी के टारि पाई ... माटी कै दुरगति न करौ पूसन ... जाव किरिया करम करौ ... ई कुल करे काव मिली ... अब का साधू कै घर उजरबौ?' कई आवाजें इसी आवाज़ में आ मिलीं।

सीने में गुस्सा और आँखों में आँसू लिये पूसन ने पास सर झुकाये खड़े परमेसर की ओर देखा। न जाने क्यों एक तीखी मुस्कान चेहरे पर ला वह बोला, 'का मलिकार, तुहूं नाहीं कुछू देखेव का?' परमेसर कुछ बोलने को हुआ ही था कि साधू का भाई महंत

उसे अपने घर की ओर खींचकर बरामदे में ले जाकर फुसफुसाया, 'परमेसर आज अपने भाई औ ख़ून-पटिदार कै मामिला है ... हम जानित है कि पूसन के तू बहुतै मानत हव औ गोड़इताइन तोहरे लरिका के पालिन हीं ... लेकिन ई मामिला अलग है ... जेल गये पूरे बभनइया कै बेज्जती है। अपने जात-धरम के धोखा न दिहेव ...। ई छोट जात के चक्कर में परि आपन घर न फूंकेव।' साधू और महंत थे तो रिश्ते में परमेसर के चाचा ही। भले बँटवारे के बाद इनके घर अलग-अलग थे पर तीन पीढ़ी पहले तक एक ही परिवार थे ये सब।

लेकिन पूसन और गोड़इताइन भी परमेसर के लिए बहुत अज़ीज़ थे। अपने बेटे के पालनहारों के मामले में वो झूठ कैसे बोलें, जिन्होंने एक बार कहने पर बिना कुछ सोचे-समझे बिन माँ के बच्चे को जीवन दिया था। परमेसर ख़ुद को बहुत निर्बल और असहाय अनुभव कर रहा था। उसका शरीर काँप रहा था। वह किसी निष्कर्ष पर पहुँचता इससे पहले ही चनवापुर वाली ने रोते बुद्धिराज को उसकी गोद में डालकर कहा, 'एतना न सोचव, आपन लरिका संभारौ औ पचरा मा न परौ ... कोरट-कचहरी, पुलिस-थाना मा परबो तो चक्कर काटै के परी ... तोहार लरिका के देखी? ... सीधे कहि देव की तूं बादि मा आये रह्यो ... कुछ देखेव नाहीं।' कुछ समझ न पा रहा परमेसर, दारोग़ा के सामने आकर वहाँ देर से पहुँचने और कुछ न देखने की बात दुहरा गया। सत्य और न्याय एक बार फिर जाति की बलि चढ़ गये। कुएँ की गहराई नाप आया परमेसर जाति की खाई न पार कर पाया। दारोग़ा जी तो चाहते भी यही थे।

परमेसर की बात सुनकर पूसन पथरा गया। न्याय माँग रही उसकी जीभ शांत पड़ गयी, भीड़ में एक-एक को उम्मीद से निहार रही उसकी आँखें गोड़इताइन के चेहरे पर आकर सिमट गयीं। लघुता के अहसास ने उसे ऐसे जकड़ लिया जैसे गोड़इताइन को मृत्यु ने जकड़ रखा था। उसके टोले के कुछ लोगों ने उसे सहारा देकर खड़ा किया, रोते सुखराज को सँभाला, लाश को खाट पर रख उठाया। भीड़ का मजमा यहाँ से छँटकर दूसरे टोले की ओर सरकने लगा। बिल्कुल बेजान हो रहा पूसन न जाने कैसे साथ आने के लिए बढ़े परमेसर को रोकने के लिए ऊर्जावान हो गया। उसने परमेसर से ये एहसान न करने का तीखा अनुरोध किया जिसे ठुकराया नहीं जा सकता था। अपराध बोध में धँसा परमेसर बुद्धिराज को लिये घर चला गया। इधर दारोग़ा जो पहले ही

न्याय की देवी को थाने में बंद कर आया था, इस गैर-ज़रूरी काम के बाद महंत के घर ख़ातिरदारी कराने के ज़्यादा ज़रूरी काम में जुट गया। उसने रिश्ते-नाते का हाल-चाल जाना, खाया-पिया, इस केस में न घबराने की आश्वस्ति दी, मृत्यु को सहज हादसा कह और हरि इच्छा बता अपने लाव-लश्कर के साथ विदाई ली। जाते-जाते वह यह बताना नहीं भूला कि साधू मिसिर ने पूसन के टोले के किसोर के पहुँचने से पहले ही उस तक पहुँचकर सारी बात बता दी थी और इसलिए मामला सँभालने वह ख़ुद आया था। वरना तो दो सिपाही भेजकर ही काम चल जाता। परमेसर को अपने किये पर शर्मिंदगी तो थी ही। घर पहुँचते ही बरामदे में पड़े तख़्त पर बैठ घुटनों में सिर डालकर ज़ोर-ज़ोर से रोने लगा। नयी मिसिराइन ने उसे सँभालते हुये कहा, 'आपन तबियत न उजारौ ... अपने लरिका कै मुँह देखौ ... जौन भय तौन भय ... होनी के टारि पाई।' परमेसर ने सिर उठाकर बुद्धिराज का मुँह देखा तो जाने क्यों उसे उसमें गोड़इताइन का चेहरा ही दिखा। वह दुबारा घुटनों में धँसकर सुबकने लगा।

5

धीरे-धीरे यह मनहूस दिन सरक कर विदा लेने लगा। बुद्धिराज बार-बार 'अम्मा लगे जाब' कह-कहकर रोता, इधर-उधर ढूँढता और दो-तीन घर परे ही स्थित उस कुएँ की तरफ़ जाने को होता जहाँ उसने अंतिम बार अपनी अम्मा यानी गोड़इताइन को देखा था। नयी मिसिराइन उसे पकड़कर अंदर ले जाती, मनाती-दुलराती, भरमाने के लिए खिलौने पकड़ाती, अच्छा-अच्छा खाने को देती। वह तो यह सब करते हुए हलकान सी हो गयी लेकिन बुद्धिराज कुछ देर की शांति के बाद फिर उसी तरह विकल हो गोड़इताइन के लिए तड़पने लगता। हालाँकि अँधेरा होते-होते थक हार कर वह सो गया। नयी मिसिराइन ने उसे बरामदे में रखे खाट पर बिस्तर बिछाकर लेटा दिया जहाँ पास के तख़्त पर परमेसर लगभग अचेत पड़ा था।

एक हलचल भरे दिन के बाद असीम शांति भरी रात को गाँव ने अपने ऊपर ओढ़ लिया था। चमक रहा पूनम का चाँद पूरे शबाब पर था। उसकी दमकती चाँदनी दुपहरी की धूप को मात दे रही थी। ऐसा लगता था जैसे दिन के मामले को जानने-समझने के

लिए अब वह भी गाँव में तफ़्तीश करने आयी हो। एक पहर भी रात अपना सफ़र पूरा नहीं कर पायी थी कि बुद्धिराज की नींद टूट गयी। आख़िर उसे गोड़इताइन के साथ सोने की आदत जो थी। एक तरफ़ से वो और एक तरफ़ से सुखराज अपनी अम्मा के नरम-गरम पेट पर अपना एक-एक पैर रखकर और हाथ उसके गले में डालकर ऐसे सोते थे जैसे कि रात में भी अपनी अम्मा को ख़ुद से दूर न जाने देना चाहते हों और पकड़कर रखना चाहते हों। पर हाय रे समय! ... आज अम्मा तो उन्हें छोड़कर बहुत दूर जा चुकी थी जिसका उन्हें पता भी न था। उनके प्रयास निष्फल हो चुके थे। ... बुद्धिराज ने बिस्तर से उठ पहले तो इधर-उधर देखा फिर बरामदे को निहारा। तख़्त पर सो रहे परमेसर को उसने देखा पर कुछ ख़ास लगाव न लगा। उसकी नज़रें तो कुछ और तलाश रही थीं। बाहर चमक रही चाँदनी उसे धूप सी लगी। आसपास किसी के न होने से वह आराम से अपनी अम्मा को ढूँढ सकता था। बरामदे की तीन सीढ़ियाँ उतर वह बाहर आ गया। उसे दिन में जुटी वह भीड़ याद हो आयी जो यहाँ से लेकर दो-तीन घर दूर कुएँ तक फैली हुई थी। 'कुआँ ... अरे हाँ अम्मा उहीं तो रहीं!' यह सोच वह उधर ही बढ़ चला।

'अरे, ई तो अम्मा कै चप्पल होय ... दुसरका चप्पल कहाँ गय ... इहीं निकारि कै अम्मा कुआँ मा चली गय रहीं ...' यह सोच वह कुएँ में झाँकने लगा। उजली रात में साफ़-साफ़ सब दिख रहा था। पहले तो उसने पानी में ख़ुद का चेहरा देखा लेकिन फिर चमकते चाँद का अक्स देख वह हैरान हो गया। 'ई का ... केऊ हय यहमें ... के अम्मा?' उसे चाँद यूँ लगा जैसे गोड़इताइन का चमकता चेहरा।' इतने घंटे माँ से दूर बालक बुद्धिराज को यूँ लगा कि माँ मिल गयी। मारे खुशी के वह हुलस उठा। कुछ और ज़ोर देकर वह झाँकने को बढ़ा ... और फिर ... एक बड़े छपाक की आवाज़ आयी ... कुछ वैसे ही जैसे गोड़इताइन के गिरने पर आयी थी। ऐसा लगा कि रात की शांति को किसी चीत्कार ने बेध दिया हो। इसके बाद कुछ कम तेज़ आवाजें छपछपाने की आयीं और फिर वही असीम शांति।

मामला शांत होने के बाद अँधेरे में मुँह छिपाकर लौटा साधू मिसिर अपने घर बरामदे से लगे कमरे में सोने की कोशिश में जुटा था, पर दिन की घटना कौंध-कौंध कर उसकी नींद को आँखों से परे धकेल देती। कुएँ से आयी आवाज़ से वह चौंककर

बिस्तर पर उठ बैठा। यह सोचकर कि कुएँ में गोड़इताइन की आत्मा छटपटा कर छपछपा रही है और उसे डरवा रही है, वह डर के मारे काँपने लगा। उठकर उसने दरवाजे की कुंडी बंद कर ली और चद्दर में ख़ुद को घुसेड़ लिया।

वैसे तो भोर होते-होते औरतें पानी भरने इस कुएँ पर आ जाती थीं, पर आज कोई नहीं आ रहा था। आख़िर एक दिन पहले ही इसमें से लाश जो निकली थी। कुछ डर, कुछ पानी के अपवित्र होने की सोच ने आज गाँव के इस सबसे बड़े पानीदार और गहरे कुएँ को भी अछूत बना दिया था। आज पूरब के कुएँ से औरतें पानी ला रहीं थी और इस राह आने से भी बच रहीं थीं। इधर दुवारा बुहारने उठी मिसिराइन ने जब बरामदे में खाट पर बुद्धिराज को न देखा तो घबराहट में परमेसर को जगा कर पूछने लगी। 'हे इहीं लल्ला तोहरे लगहीं सूता रहा ... कहाँ गय?' परमेसर को लगा कि बालक यहीं कहीं खेल रहा होगा। पहले उसने आसपास नज़र दौड़ायी फिर ख़ुद ढूँढने लगा। न मिलने पर पड़ोस की चनवापुर वाली काकी, भंइसहिया वाली भौजी सबसे पूछताझ कर ली। धीरे-धीरे यह ख़बर एक गहरी चिंता बनकर पूरे टोले में पसर गयी। सब बुद्धिराज को ढूँढने में जुट गये। खेत-खलिहान, घर-दुवार सब छान मारा गया। परेशान परमेसर को एकाएक ध्यान आया कि 'लल्ला कहूँ पूसन के घरे तो न चलि गय?' वह एक उम्मीद और निश्चिंतता से भर गया। हालाँकि लगभग एक किलोमीटर दूर पूसन के यहाँ जाते हुए छोटा बालक आड़े-तिरछे राह में कहीं भटक न गया हो यह सोच जल्द ही दूसरी चिंता से घिर गया। साइकिल निकाल वह पूसन के घर की ओर चल पड़ा। वह तूफ़ान से भी तेज़ चल रहा था, पर उसे लगता कि रास्ता बड़ा हो गया है। एक बार वह रास्ते में पूसन के दुःख और नाराज़गी को याद कर सुस्त पड़ गया लेकिन बुद्धिराज को ढूँढने और पूसन को मना लेने की बात सोच वह फिर उड़ने लगा। वहाँ पहुँचकर उसने देखा कि पूसन अपने बेटे सुखराज को ख़ुद से चिपकाये घर से बाहर ही बिना बिस्तर के खाट पर अभी तक सोया पड़ा है। हालाँकि अब दिन चढ़ चुका था, लेकिन बेटे को सँभालते-सुलाते और अपने दुःख को सहलाते शायद वह देर रात सोया था। परमेसर ने बुद्धिराज को वहाँ न देख चिंतित होते हुए जैसे ही पूसन का नाम पुकारा, वह झटके से उठ बैठा। पहले तो परमेसर को देख उसकी आँखों में गुस्सा उतर आया फिर उसने बेरुखी दिखाई। पर बुद्धिराज के ग़ायब होने की बात सुन

वह भी परेशान हो गया। उसके यहाँ न आने की बात से परमेसर की चिंता अब सातवें आसमान पर पहुँच चुकी थी। अब तक यह ख़बर गाँव के हर घर तक पहुँच चुकी थी। सभी बुद्धिराज को ढूँढ रहे थे। महंत और उसके बेटे को भी ढूँढने में लगा देख पूसन वहाँ से हटकर दूसरी ओर ढूँढने में लग गया। पर कहीं भी उसका पता न चला।

जैसे-जैसे समय बीत रहा था परमेसर का दिल बैठा जा रहा था। नयी मिसिराइन रो-रो कर पूरे गाँव को द्रवित किये जा रही थी। आसमान में सूरज जितना प्रबल होता जा रहा था उतना ही परमेसर निर्बल। बालक कहीं मिलता न देख लोग कहने लगे कि पुलिस को इत्तला करनी चाहिए। अभी तक कुएँ पर आकर देखने की बात किसी के दिमाग में नहीं आयी थी सिवाय साधू मिसिर के। वह रात को कुएँ से आयी आवाज़ से भयभीत तो था ही पर अब वह न जाने क्यों बुद्धिराज के ग़ायब होने को भी इससे जोड़ कर सोचने लगा था। पर उसकी हिम्मत नहीं हो रही थी कि वह जाकर कुएँ में झाँककर देखे या किसी को वह बात बताये। हालांकि वह निश्चिंत भी नहीं था। पर दोपहर उतरते-उतरते उसने कुएँ की पड़ताल करने की हिम्मत यह सोचकर की कि कहीं आज रात भी इसी तरह डर-डरकर न काटनी पड़े। वह डरते हुए कुएँ तक पहुँचा। कुएँ की तरल सतह तक जैसे ही उसकी नज़र पहुँची वह चीख़ पड़ा। घिघियाते हुए वह इधर-उधर भागने लगा। उसकी पत्नी और पास खड़ी चनवापुर वाली दोनों उसकी ओर दौड़ीं। अपनी फटी आँखों और काँपते हाथ से वह केवल इशारा कर पाया। जब उन्होंने भी कुएँ में देखा तो वे भी चीख़ पड़ीं। चीख़ सुन परमेसर भी अनहोनी की आशंका से इधर ही भागा। चनवापुर वाली से पूछा, 'का भय काकी?'

इशारा मिलने पर जब उसने कुएँ में देखा तो पहले चीख़ा फिर सिर पकड़ वहीं गिर पड़ा। कुएँ में तैर रहा बुद्धिराज का शरीर उसे निर्जीव सा कर गया। अब तक और लोग भी वहाँ आ गये। कुएँ में देख-देख सब शोकाकुल होते जाते। नयी मिसिराइन भी आकर दहाड़े मार-मारकर रोने लगी। कुछ लोगों ने मिलकर बुद्धिराज का शरीर बाहर निकाला। लगातार दो दिन तक लाश उगलने वाला कुआँ एक खलनायक की तरह दिख रहा था। सवाल उठा कि 'लरिका कुआँ मा कइसे आय?' साधू के मुँह से निकल गया, 'राति मा ज़ोर कै आवाज़ छपाक कै आय तो रहा ... लेकिन हम समझेन कि गोड़इताइन कै भूत-वूत छटपटात हय ... अरे राम हम का जानत रहेन

कि लरिका कुआँ मा गिरि गा हय ... नाहीं तो हम तबै कूदि परित औ बचाय लीत।' सब साधू को धिक्कारने लगे। रहजन मिसिर ने धिक्कारते हुए कहा, 'अबहीं कल तोहरे नाते गोड़इताइन कै जान गय और आज फिर ई लरिका ... का कइ कै मनबौ?' नयी मिसिराइन भी बरस पड़ी, 'काका चाहे होतेव तो लरिका बचि जात ... हमार बंस न बुझात।' साधू को दुबारा घिरता देख पास खड़ी उसकी भौजी और महंत की पत्नी ने बात मोड़ने के लिये दिमाग दौड़ाया, 'ई सोचव लरिका कुआँ मा कइसै आय? कहूँ पूसनवा बदला लेय खातिर तो कुआँ मा न डारि दिहिस?' एकाएक भीड़ की सोच को उसने अलग दिशा दे दी। पर खोजबीन में जुटा पूसन अब तक वहीं था। वह इस बात से तमतमाकर उठा और बोला, 'मिसिराइन, अब हमरे सबर कै परिच्छा न लेव। अब बहुत बुरा होइ जाई। जौन कसर गोड़इताइन छोड़ि गय रहीं कहै में हम पूर कइ देब। अपने कतली परिवार का बचावे खातिर कमज़ोर पाय हमै फंसावत हियु। हमैं कुआँ मा डारेक होत तो तोहरे सबका डारि दीत न कि अपने पाले बेटवा को।' इतना कहकर वह रो पड़ा। भीड़ से कोई प्रतिक्रिया आती, इससे पहले परमेसर बोल पड़ा, 'ख़बरदार जो पूसन का केहू कुछ कहिस। ई बात पूसन खुदै कहै तो न हम मानी ... ऊ ऐसन कई नाहीं सकत है ... ई तो हमार पाप हमरे बेटवा के खाइ गय।' यह कहते-कहते वह वहीं ढीला पड़ सिसकते हुए ज़मीन पर बिछ गया। नयी मिसिराइन सँभालने लगी तो वह उसका हाथ पकड़ बोला, 'हम गोड़इताइन के दूध कै अपमान किहेन ..। दूध कै जात देखेन ... ममता के नकारि कै कल हम झूठ बोलेन ... इहै पाप बुद्धिराज के लगि गय। ऊ सांझे से कुआँ की ओर भागि-भागि आवत रहा गोड़इताइन के हेरै ... हमरे धोखा कै सबक सिखावै खातिर बुद्धिराज अपने अम्मा लगे चलि गय ... हम पापी का छोड़ि गय।'

वह यही सब कहते हुए बहुत देर तक रोता रहा। गाँव वालों ने ही अंतिम क्रिया करम की व्यवस्था की। जितना परमेसर को कोई सँभालता वह उतना ही रोता ... बुद्धिराज और गोड़इताइन का नाम लेता। जब कंधा देने के लिए उसे उठने को कहा गया तो वह अवाक अर्थी पर पड़े बुद्धिराज को निहारता रहा फिर बोला, 'पूसन कांधा तुमहूं देव तो बुद्धिराज के आत्मा के शांति मिली ... बोलव देबो न ...। कल कै बदला तो न लेबो?' पूसन रो पड़ा और अर्थी के पास आ एक ओर खड़ा हो गया। आज किसी को

यह कहने कि हिम्मत न थी कि 'एक अछूत बाभन की अर्थी को कंधा कैसे दे सकता है?' कुछ ही देर में गाँव उस दृश्य को जड़ बना देख रहा था जब बुद्धिराज की अर्थी को कांधे पर उठाये आगे-आगे उसके दोनों पिता श्मशान भूमि की ओर बढ़ चले थे। आँखों से बहते अश्रु ही लोगों की जड़ता में चलायमान थे।

विजय कुमार तिवारी

उतरता हुआ पानी

पानी धीरे-धीरे उतरने लगा। लोगों ने राहत की साँस ली। दस दिनों में ही पूरी आबादी त्राहि-त्राहि कर उठी, जैसे पूरा गाँव, पूरा दियारा, पूरा जवार दाने-दाने को मोहताज हो गया हो। पशुओं के लिए भी चारे का अभाव हो गया।

'कितने भयानक दिन थे? रातें भयानक और डरावनी हो उठती थीं।' गौरी बाबू ने मन ही मन सोचा। वे सिहर उठे, जैसे अभी भी बाढ़ के आतंक से उबरे न हों। उबरते भी कैसे? बाढ़ के दिनों में उन्होंने कितना कुछ सीखा जो है। लोगों की, रिश्तों की असलियत मालूम हुई है। गौरी बाबू आतंकित तो थे ही, उदास अधिक थे। उदासी जैसे परत-दर-परत, लेप-दर-लेप उन्हें घेरे हुए है। एक परत को बेधते तो दूसरी दिख जाती। दूसरी से उबरते, तब तक तीसरी, चौथी, अनगिनत परतें। जितना ही सोचते, जीवन उतना ही जटिल, उतना ही भयानक, उतना ही कष्टदायक और असह्य जान पड़ता। उन्हें आत्मग्लानि होती। अपने किये पर पछताते। पर, उस घड़ी ऐसा कोई नहीं था, जो झाँककर उनके दिल की, मन की पीड़ा को देखता।

उन्हें चाय की तलब महसूस हुई, पर किससे कहते, सभी सो रहे थे। लगातार कई रातों से जगने से सभी परेशान थे। उन्होंने जगाना उचित नहीं समझा। माचिस की तिल्ली जलायी और बीड़ी सुलगा ली।

दस दिन पहले की वह भोर कितनी भयानक थी! गौरी बाबू विह्वल हो उठे। मुँह अँधेरे लोग जाग पड़े थे। पूरे जवार में हल्ला था कि इतना अधिक पानी तो किसी साल नहीं आया। बाँध टूटने-टूटने को है। कहीं-कहीं पानी उसके ऊपर से बह रहा है। नित्य

नयी अफवाहें उड़तीं, नयी बातें सुनने में आतीं। कुछ लोग तो यह भी कहते सुने गये कि सरजू मैया नाराज हैं, इस वर्ष खूब तबाही मचायेंगी। लोग जैसी सुनते, दूसरों को और कुछ मिलाकर सुनाते।

और एक दिन सचमुच बाँध टूट गया। मैया की तेज़ धार दियारा की ओर मुड़ गयी। बिजली की तरह यह ख़बर गाँव-गाँव फैल गयी। रात में लोग डरते-डरते बिछौना पर गये। सोकर भी लोग नहीं सोये।

आकाश के पूर्वी छोर से भगवान भास्कर उदित हो रहे हैं। वृक्षों पर पक्षी कलरव कर रहे हैं। हवा धीरे-धीरे बह रही है, फिर भी किसी का मन प्रसन्न नहीं है। प्रसन्न होने लायक बात भी नहीं है। पानी गाँव की सरहद तक पहुँच गया है। आवागमन बंद हो गया है। बस ख़बरें आ रही हैं, उड़कर एक गाँव से दूसरे गाँव, एक टोले से दूसरे टोले, एक कान से दूसरे कान तक पहुँच रही हैं। उजाला हो चुका है। गोरू-बैल नाद पर चढ़ाये जा चुके हैं, सानी-पानी भी दिया जा चुका है। घरों में औरतें चूल्हा जलाना शुरू कर रही हैं। पर सभी के कान जैसे बाहर को लगे हैं कि कब, क्या ख़बर आ जाये।

अचानक गाँव की उत्तरी सीमा पर चमकता हुआ पानी दिखायी दिया। बाढ़ आ चुकी है। वैसे तो पहले हर साल बाढ़ आया करती थी, हर साल धन-जन की तबाही होती, पर बाँध बन जाने से विगत कई सालों से पूरा दियारा सुरक्षित हो गया है। लोग अपेक्षाकृत संपन्न हुए हैं। कम से कम सभी को खाने-पीने को मिलने लगा है। लोग प्रसन्न होने लगे हैं। पर, अचानक यह बाढ़ का प्रकोप आ गया है।

गाँव से उत्तर का सारा क्षेत्र नदी का छाड़न है। ताल के रूप में आज भी उसका अस्तित्व है। उसमें बरसात में पानी लबालब भर जाता है। पानी सूखते ही लोग चना, गेहूँ बो देते हैं। धान और गन्ना खूब उगता है।

ताल भरा ही था, चारों ओर पानी फैलते देर नहीं लगी। पानी गाँव की ओर बढ़ने लगा। पूरब की ओर गाँव से सटा हुआ बड़ा सा गड्ढा है, वह भी पहले से ही भरा हुआ है। गाँव के चारों ओर दूर-दूर तक पानी ही पानी दिखायी दे रहा है। गाँव का पूर्वी-उत्तरी टोला अपेक्षाकृत नीची ज़मीन पर बसा है और दक्षिणी-पश्चिमी टोला ऊँचे डीहों पर बसा है।

लोग चिंतामग्न हैं। किसी ने सलाह दी कि पानी रोकने का एक उपाय यह भी है

कि गाँव के चारो ओर बाँध बना दिये जायें। यह सलाह सबको अच्छी लगी। लोग जुट गये। पचासों फावड़े, बीसियों खाँचियाँ काम में लग गयीं। कुछ देर तक तो लगा कि बाढ़ को कम से कम गाँव में प्रवेश करने से रोका जा सकता है। पर, यह भ्रम ही था। बाढ़, बाढ़ है, उसे रोक पाना संभव नहीं। पानी काफ़ी तेजी से उपर चढ़ रहा है। लोग थक-हारकर बैठ गये।

गौरी बाबू के मकान की पहली सीढ़ी डूब चुकी है। चरन के पास फावड़ा छोड़, माथा पकड़ कर बैठ गये, 'हे भगवान! अब क्या करूं? कहाँ जाऊँ? हे सरजू मैया, रहम करो, अनाथ हो जाऊँगा।'

पर, सरजू मैया बढ़ती ही जा रही हैं। वे कभी अपने घर को देख रहे हैं, कभी अपने को तो कभी जल-प्रवाह को। बच्चों में उल्लास भी है और वे सहमे हुए भी हैं। धीरे-धीरे पानी गाँव में प्रवेश करने लगा। गौरी बाबू की सारी सीढ़ियाँ डूब गयीं, पानी चौकठा तक पहुँच गया है। गाँव में हाहाकार मच गया है।

पड़ोसी रतन का मकान पानी बढ़ते ही भर-भराकर गिर पड़ा। किसी तरह रतन ने अपना सामान निकाल लिया था। उन लोगों ने पश्चिम वाले टोले में शरण ले ली। गौरी बाबू का मकान नया है। उसके गिरने का भय नहीं है। बस पानी के चढ़ने का आतंक है। अब कोई चारा भी नहीं है, फिर भी वे नहीं चाहते हैं कि घर छोड़कर कहीं जायें।

हारकर उन्होंने बेटी को पुकारा, 'चल श्यामा, माँ को बुला, घर का सारा सामान छत पर ले चलें।'

सभी मिल-जुलकर घर का सारा सामान छत पर पहुँचाने लगे। सामान काफ़ी है, ढोते-ढोते वे थक गये। शहरी ज़िन्दगी में पली-बढ़ी श्यामा को यह और भी असह्य है। पर, क्या करती, हारकर माँ-बाप का साथ दे रही है। गौरी बाबू बेटी की पीड़ा समझ रहे हैं। सामान ढोते-ढोते उनका भी बुरा हाल है। पत्नी लथपथ हो चली है। श्यामा भीग-भीगकर खोज-खोजकर एक-एक सामान ला रही है।

सूरज मध्य आकाश में चमकने लगा। अभी तक बहुत लोगों के घरों में भोजन नहीं बना है। सभी भागमभाग में हैं। गौरी बाबू भी अभी तक निर्जला ही हैं। उन्होंने दतुअन तक नहीं की है।

क्षण भर के लिए उन्हें अपने पुराने मकान की याद आयी। आज यह नया मकान नहीं बना होता तो वे सपरिवार वहीं होते, किसी भी तरह की परेशानी नहीं होती। ऐसी नौबत ही नहीं आती। वे दुःखी हो उठे। उन्हें अपने बड़े भाई की याद आयी। उन दिनों की याद आयी जब गौरी बाबू ने नौकरी शुरू की थी। भैया गाँव में रहकर खेती-बारी देखते थे। परिवार सुखी था। लीला भौजी उन पर विशेष स्नेह बरसाती थीं। होली-दीवाली धूम-धाम से मनायी जाती थी। जब वे गाँव लौटते तो भौजी के सामने नयी खरीदी साड़ी रखते, आदर से पाँव छूते। भौजी भी घर-दुआर एक कर देतीं।

लीला भौजी को समझते देर नहीं लगती कि कब गौरी बाबू को किस चीज की ज़रूरत है। दौड़-दौड़कर पूरा करतीं। भैया देख-देखकर प्रसन्न होते थे। बैठका के दायीं ओर चरन पर बैल-भैंस खाते रहते। बैठका के सामने बड़ा सा दुआर है। वहाँ गाँव के नये रंगरूटों का जमघट लगा रहता। भीतर जनाने में गाँव भर की नयी-नवेली ललनाएँ लीला भौजी को घेरे रहतीं। एक से बढ़कर एक चटखदार रसीली बातें होतीं, कहकहे छूटते और चूड़ियाँ खनकतीं।

बड़ी-बड़ी आँखें, चौड़ा ललाट, चौड़ा सीना, बलिष्ठ भुजाएँ-कुल मिलाकर गौरी बाबू एक मर्दाना व्यक्तित्व वाले थे। गाँव की लड़कियों से मसखरी करते हुए लीला भौजी कहतीं, 'है कोई इस गाँव में मेरे देवर जैसा? मेरा देवर लाखों में एक है।'

गौरी बाबू उतने ही शर्मीले थे। आज तक किसी की ओर आँख उठाकर नहीं देखा। पर, वे अपनी भौजी को नहीं छोड़ते थे, जमकर होली खेलते, अबीर-गुलाल लगाते और जब लीला भौजी दौड़तीं तो भाग खड़े होते। भौजी हारकर रुक जातीं, अपने उपर खीझ उठतीं और मायूस हो जातीं।

तब गौरी बाबू चटखारा लेते, 'हार गयी न भौजी? लो, अब लगा दो, मैं आ गया।'

दौड़कर लीला भौजी पकड़ लेतीं। फिर गौरी बाबू भागने का नाटक करते पर भागते नहीं। भौजी रंग लगातीं, अबीर-गुलाल लगातीं और धीरे से उन्हें चूम भी लेतीं।

दोनों भाई खाने बैठते तो स्नेह-प्रेमपूर्वक खाना परोसतीं, नाना तरह के व्यंजन बनातीं, पंखा लेकर झलने लगतीं और दोनो भाइयों को बहुत प्यार से खिलातीं।

घर की यह सारी रौनक उसी दिन चली गयी जिस दिन उनके भाई चल बसे।

भौजी एक लड़का और दो लड़कियों की माँ बन चुकी थीं। बच्चे अभी छोटे-छोटे थे। उन पर यह वज्राघात सा पड़ा।

गौरी बाबू गाँव आये और रो पड़े। लोगों ने समझाया-बुझाया। उन्होंने भाई का क्रिया-कर्म किया और भौजी को समझाया, 'होनी को कौन टाल सकता है? कुछ भी अपने बस का नहीं है।'

तदंतर सालों घर में वीरानी छायी रही। एक दिन लीला भौजी ने सोचा, 'यदि वे जिंदा रहते तो क्या गौरी का विवाह नहीं कर देते? कितनी तैयारियाँ किया करते थे, कितनी बातें करते थे। बहुत शौक था उनको गौरी की शादी को लेकर।'

लीला भौजी ने धूमधाम से गौरी बाबू की शादी की। जल्दी-जल्दी दो संतानें भी हो गयीं। धीरे-धीरे घर-परिवार का ख़र्च बढ़ने लगा। ख़र्च बढ़ जाने से दोनों जगह परेशानी होने लगी। खेती ठीक से हो नहीं पाती थी। जो कुछ होता, उसे बँटाईदार ही खा जाते। सिंचाई के बिना बलुअट ज़मीन में उत्पादन वैसे ही कम होता था। लीला भौजी को गाँव का ख़र्च चलाना मुश्किल होने लगा। उधर गौरी बाबू भी पैसा भेजने में कभी-कभी नागा करने लगे।

उस साल होली के दिन लीला भौजी का पारा चढ़ गया। चिल्लाने लगीं, 'सुनता नहीं, देखता नहीं। हम लोगों को अब पूछता नही। जो मेहरी कहती है, वही करता है।'

लीला भौजी का भयानक रौद्र रूप देखकर सभी स्तब्ध रह गये। गौरी बाबू भी डर गये। हाथ में काला कपड़ा लिये, बाल छितराये, अस्त-व्यस्त वस्त्र किये, आँखें चढ़ाये लीला भौजी साक्षात् चंडिका लग रही थीं।

इसी बीच काशी की पत्नी से उनकी लड़ाई हो गयी। उनके मन में था कि काशी की नौकरी उनके देवर ने ही लगवायी है। वे चाहती थीं कि जिस तरह काशी देवर के आगे-पीछे किया करता है, वैसे ही उसकी पत्नी उनके आगे-पीछे किया करे।

उधर काशी की पत्नी ऐसी है कि अपने आगे किसी को कुछ समझती ही नहीं। चटख लाल रंग का बड़ा सा टीका लगाये, आँखों में काजल करके, पाउडर पोते जब वह घर से निकलती, तो मचलती चलती। भले ही कोई देखे या न देखे, काशी की पत्नी को ज़रूर लगता कि लोग उसे घूर रहे हैं। इस तरह गाँव में जब भी आती तो धूम मचाये रहती। अपने आगे किसी को नहीं लगाती।

वह फगुआ में गाँव में ही थी। संयोग ऐसा कि इस बार न काशी आया और न गौरी बाबू आये। लीला भौजी का मन उदास हो गया। सच्चे मन से उन्होंने देवर को याद किया। कुएँ पर उनकी भेंट काशी की मेहरी से हो गयी। उन्होंने कहा, 'का रे,कसिया बो! एह साल फगुआ सुखले रही?'

'का करीं ए दीदी? आसरा देखते रहि गइनी, केहू ना आइल।' काशी की पत्नी ने कहा।

'हँ रे,देवर के आस त हमरो रहे, का जाने कइसे उनकर मन ओजा लागी?' लीला भौजी ने उदास मन से कहा।

'काहें ए दीदी, मेहरारू, लइका सब उहवें बाड़न स, उहाँ के का दुःख होई? अब रउँएं आपना के झँखीं।' काशी की पत्नी ने हाथ चमका दिया।

लीला भौजी को यह बात चुभ गयी, वे बरस पड़ीं। काशी की पत्नी भी तैयार ही थी। खूब लड़ी, खूब चिल्लायी। पूरा गाँव तमाशा देखता रहा।

लीला भौजी को तब और दुःख हुआ जब गौरी बाबू ने उन्हें समझा-बुझाकर चिठ्ठी लिखी और गाँव में प्रेम से रहने को कहा। उनका मन, शरीर जल उठा। उसी दिन उन्होंने ठान लिया कि अब गौरी को मज़ा चखाना ही होगा।

गौरी बाबू गाँव आये। लीला भौजी ने उनका स्वागत-सत्कार पहले जैसा नहीं किया और ऊपर से सरेआम हर बात पर बेइज़्ज़ती करने लगीं। वे भी गुस्सा होने लगे। दोनों देवर-भौजाई में रोज का झगड़ा शुरू हो गया।

'काशी की बातें सच निकलीं' , गौरी बाबू ने सोचा। उनका मन आहत हो उठा। वे चुपचाप वापस चले गये। दिन-रात उधेड़बुन में लगे रहते, 'पूरा जीवन शांतिपूर्वक गुजर गया, अंत समय यह लड़ाई-झगड़ा ठीक नहीं है। परंतु यह बंद होने वाला भी नहीं है। एक बार मुँह खुल जाता है तो उसे रोकना कठिन हो जाता है। साथ रहने पर वही तू तू, मैं मैं लगा रहेगा। जीवन नर्क हो जायेगा।'

गौरी बाबू यही सब सोचते हुए उदास रहने लगे। उन्होंने काशी से कहा, 'अब मेरी समझ में कुछ भी नहीं आ रहा है।'

काशी ने सुझाव दिया, 'क्यों नहीं आप अपना अलग घर बनवा ले रहे हैं? सारा झंझट समाप्त हो जायेगा।'

गौरी बाबू को यह बात अच्छी लगी। उन्होंने लंबा अवकाश लिया और गाँव आ गये। उधर लीला भौजी ने भी सोच लिया था कि अब इस घर में गौरी को टिकने नहीं देना है। उनके आते ही भौजी ने उत्पात मचाना शुरू कर दिया।

गाँव के गोंयड़ा, उत्तर-पूर्व के कोने पर, रतन के घर के बगल में उन लोगों की ज़मीन थी, वहीं मकान की नींव डाली गयी। बहुत उत्साह के साथ, शीघ्र ही वहाँ ईंट का बड़ा सुंदर मकान बनकर तैयार हो गया।

गौरी बाबू ने गृह प्रवेश बहुत धूमधाम से मनाया। लीला भौजी के साथ खेतों, बाग़ों के बँटवारे के समय भी खूब झगड़ा हुआ। दोनों ने कसमें खायीं कि कभी एक-दूसरे के यहाँ नहीं जायेंगे और एक-दूसरे का मुँह नहीं देखेंगे। परंतु, गृह प्रवेश के समय गौरी बाबू ने लीला भौजी को आमंत्रित किया। स्वयं जाकर न्यौता दिया पर लीला भौजी ने स्वीकार नहीं किया। उल्टे बेइज़्ज़त करके घर से बाहर जाने को कहा।

कुछ समय बाद गौरी बाबू रिटायर होकर गाँव आ गये। लड़के की नौकरी उन्हीं के दफ़्तर में हो गयी, वह वहीं अपने परिवार के साथ रहने लगा। यहाँ गाँव में गौरी बाबू पत्नी और बेटी श्यामा के साथ निवास करने लगे। रिटायर होते समय उन्हें कुछ रुपये मिले थे। उन्होंने अपने हिस्से की ज़मीन में खेती शुरू कर दी।

पर यह दैवी प्रकोप! अब कहाँ जायें? सारा सामान छत पर पहुँच चुका है। जो नहीं पहुँच सका, वह सब पानी में डूबने-तैरने लगा। पानी की लहरें दीवारों से टकरा रही हैं। मरे हुए जानवरों की बहती लाशें दीवारों के सहारे रुक जातीं, सड़ांध फैल जाती है। नाक में कपड़ा ठूँसे गौरी बाबू डंडा से उन लाशों को धारा की ओर ठेल देते, मुर्दा शरीर बहकर आगे चला जाता। कभी-कभी जिंदा चूहे या साँप आ जाते, भगदड़ मच जाती।

दिन किसी तरह बीता, शाम घिर आयी। पूरब टोला लगभग खाली हो चुका है। सभी लोग पश्चिमी टोले में शरण ले चुके हैं। अकेले गौरी बाबू यहाँ सपरिवार पड़े हुए हैं। श्यामा ने कहा भी पर उन्होंने ध्यान नहीं दिया और बेटी को डाँट दिया। वह चुप हो गयी।

उधर लीला भौजी को पछतावा हो रहा था, उन्हें दया आ रही थी। इस हालात में गौरी बाबू, अपनी गोतिनी और बेटी श्यामा पर तरस खा रही थीं। उन्होंने सोचा,

आफ़त-विपत्ति में सबकी मदद करनी चाहिए, ज़रूरत पड़े तो शरण देनी चाहिए। गौरी का तो यह अपना घर है। इस घर को बनाने में उसी का सहयोग अधिक है। उन्होंने टेंगरी को भेजा और कहलवाया कि गौरी सपरिवार यहीं आ जाये, कम से कम बाढ़ भर यहीं रहे।

गौरी बाबू को भला यह सह्य कहाँ? उन्हें अपनी बेइज़्ज़ती,घर से बाहर करने की भौजी की सारी तिकड़में याद आने लगी। उन्होंने कहा, 'मैं अपने परिवार के साथ यहीं मर जाऊँगा, भले ही किसी दूसरे के आगे हाथ फैलाऊँगा, पर भौजी के घर नहीं जाऊँगा।'

रात बीती, भोर हुई। दिन बीता, फिर शाम घिर आयी। घर में भोजन नहीं बन पाया। जो सत्तू-चबेना था, वही खा-पीकर गौरी बाबू सपरिवार गुजारा कर रहे हैं। पिछली रात किसी को नींद नहीं आयी, अँधियारी काली रात साँय-साँय कर रही थी। दिन भर मौसम गर्म रहा, तेज़ धूप खिली थी और आकाश में बादलों का कहीं अता-पता नहीं था। धूप में जलन थी और मन में पीड़ा। गौरी बाबू ने खाट के सहारे चादर तान ली है। उसी की छाया में किसी तरह दिन बीता।

कहते हैं लोग कि जब विपत्ति आती है तो एक ओर से नहीं आती, सैकड़ों हवा-बयार साथ लाती है। देखते-देखते आकाश काले बादलों से आच्छादित हो गया। बादल उमड़ने-घुमड़ने लगे। बिजली चमकने लगी। 'अब क्या करूँ?' गौरी बाबू लाचार, कातर हो आकाश निहारने लगे। बाढ़ का आतंक था ही, अब भीषण बरसात के स्पष्ट आसार हैं। 'हे भगवान!' उनकी पत्नी बिलख पड़ी। श्यामा उदास-उदास कभी माँ को, कभी पिता को और कभी दूर-दूर तक फैले विशाल बाढ़ के जल-प्रवाह को देख रही है। वह सर्वाधिक आतंकित है। उसने कभी बाढ़ की भयावहता नहीं देखी है।

लीला भौजी से देखा नहीं जा रहा है। वे स्वयं गौरी बाबू के पास आयीं। इस बुढ़ापे में कमर तक भीगते पानी में उनका साहस ही है और स्नेह भी कि वे किसी तरह तेज़ जल-प्रवाह के बावजूद पहुँच गयीं। परिस्थितिवश मनुष्य के विचार बदल जाते हैं, बोलीं, 'देवर जी! हमारी गलतियों को माफ़ कर दो, हठ मत करो। वह घर तुम्हारा ही है, इसी भाव से इस दुर्दिन में चले चलो।'

'अब जाओ भौजी! मर जाना पसंद करूँगा,पर तुम्हारे घर नहीं जाऊँगा। अब

कुछ मत कहो, चुपचाप चली जाओ।' गौरी बाबू ने बेरुखी से कहा।

'जिद्द मत करो। अपने हठ के चलते परिवार को भी साँसत में डाले हुए हो,चले चलो।' भौजी ने पुनः आग्रह किया।

गौरी बाबू नहीं माने। उन्होंने फटकार दिया। लीला भौजी दुःखी हो चली गयीं। गौरी बाबू निर्लिप्त से अपनी ही सोच में डूबते-उतराते रहे। सारी बातों और स्थिति-परिस्थिति को समझते हुए श्यामा ने कहा, 'हमें चलना चाहिये।' पत्नी भी ऐसा ही कुछ भाव लिये उनकी ओर देख रही थी।

'नहीं।' गौरी बाबू ने कठोरता से कहा।

दोनों सहम गयीं। धीरे-धीरे बूँदाबाँदी शुरू हो गयी। अँधियारी और घिर आयी। हाथ को हाथ नहीं सूझ रहा है। बरसात तेज़ हो गयी। चारों ओर बरसते पानी का शोर है। भीग-भीगकर तीनों जन सराबोर हो रहे हैं।

अपनी कोठरी में पड़े हुए हरिया ने श्यामा की कल्पना की। 'यह एक सुनहरा मौक़ा है।' उसने सोचा और लालटेन लेकर, छाता लगाये चल पड़ा। किसी को आता देख श्यामा और उसकी माँ, दोनों भयभीत हो उठीं। गौरी बाबू भी अशांत भाव से उधर देखने लगे और चिल्लाये, 'कौन है रे?'

'मैं हरिया हूँ।' आगंतुक ने ज़ोर की आवाज़ लगायी। वह धीरे-धीरे सीढ़ियों के सहारे ऊपर छत पर आ गया। लालटेन के मद्धिम प्रकाश में उसने भीगी हुई श्यामा को देखा, बोला, 'राम राम काका! यह कैसी हालत हो गयी है आप लोगों की? बाढ़ का पानी चारों ओर फैला है। बरसात भी होने लगी है। भगवान जाने, कब खुले? मुझसे रहा नहीं गया, आप लोगों को ले जाने आया हूँ।'

हरिया का बड़ा सा मकान है। उसका परिवार गाँव में सबसे धनी है। श्यामा चिल्लाना चाहती है, 'नहीं, नहीं बाबूजी! कहीं भी चलिये, कुछ भी कीजिये पर,इस सुअर के घर मत चलिये।' परंतु उस क्षण उसका कंठ अवरुद्ध हो गया।

गौरी बाबू मन ही मन ख़ुश हुए कि गाँव का सबसे बड़ा आदमी बुलाने आया है। वे सहर्ष तैयार हो गये। एक बार भी उन्होंने बेटी के चेहरे की ओर नहीं देखा। गौरी बाबू ने पहले पत्नी को पहुँचाया फिर कुछ ज़रूरी सामान ले गये। हरिया बहुत ख़ुश था, उसने गौरी बाबू की सामान ढोने में मदद शुरू कर दी।

दरअसल जब से गौरी बाबू ने इस टोले में मकान बनाया है, तभी से उसकी दृष्टि श्यामा पर गड़ी हुई है। कई बार उसने जवान होती श्यामा को छेड़ने की कोशिश की है। वह ख़ुश है कि अब दिन-रात उसे देखता और निहारता रहेगा।

तीन-चार दिन और रातें बड़े आराम से गुजरीं। पानी बरसता रहा और बाढ़ का आतंक बना रहा। सबके मन भी मिले हुए रहे। गौरी बाबू को यथासमय चाय-नाश्ता मिल जाता। हरिया ने उनके लिए बीड़ी की जगह सिगरेट की व्यवस्था कर दी। तीनों प्राणियों को आदर और सम्मानपूर्वक भोजन करवाता था। मौके की प्रतीक्षा करता रहता कि कब समय मिले, श्यामा को पकड़े और श्यामा उससे बचती फिरती थी।

आख़िर हरिया ने अगले दिन उसे धर-दबोचा और खोंप की ओर खींच ले गया। संयोग से उसी क्षण गौरी बाबू उधर पेशाब करने आ निकले। श्यामा चिल्ला पड़ी। अँधेरा था, गौरी बाबू को कुछ दिखायी नहीं दिया। 'कौन है रे?' उन्होंने दहाड़ा। हरिया भाग गया। श्यामा दौड़कर गौरी बाबू से लिपट गयी। उन्हें समझते देर नहीं लगी, वे माथा पकड़े धम्म से बैठ गये।

बिजली की तरह यह ख़बर पूरे गाँव में फैल गयी। लोग नाना तरह से एक ही बात को फेंटने लगे। बातों के पर लग गये, वे उड़ने लगीं। श्यामा अपनी माँ के बगल में सिमटी हुई बेज़ार रोये जा रही है। माँ भी सुबक रही है।

लीला भौजी को ख़बर लगी। रोती, बिलखती, चिल्लाती, दहाड़ती हरिया के घर पहुँची और उसके सात पुश्तों का उद्धार करने लगीं। उन्होंने गौरी बाबू को भी खूब लताड़ा और भला-बुरा कहा। लीला भौजी ने श्यामा का हाथ पकड़ा और बोलीं, 'चल बेटी, अपने घर चल।'

श्यामा रोये जा रही है। लीला भौजी ने कहा, 'चुप हो जा बेटी, धन वालों से आज तक किसी को कुछ मिला है? हम जैसे साधारण घरों की इज़्ज़त बच जाये, वही बहुत है।'

पानी धीरे-धीरे उतरने लगा है। लोग अपने-अपने घरों में लौट आये हैं। बाढ़ के विनाश से सभी दुखी हैं। गौरी बाबू कुछ अधिक ही दुःखी और उदास हैं। लोगों ने तो धन खोया है, खेती-बारी, घर-दुआर खोया है। गौरी बाबू का तो सब-कुछ लुट गया। इज़्ज़त बाल-बाल बची है।

'ओह, कितना भयानक है पानी का उतरना।' हृदय की गहराई में उठी पीड़ा की हूक से गौरी बाबू सिहर गये। उन्होंने देखा, पानी धीरे-धीरे उतर रहा है।

डॉ. आयशा आरफ़ीन

लकड़ी का घोड़ा

सफ़र धनबाद तक का है। वहाँ तक मेरे घर से डायरेक्ट कोई फ्लाइट नहीं जाती। ट्रेन से रिज़र्वेशन कराया है। कोई ख़ास दूर नहीं है धनबाद। आराम से जाया जा सकता है ट्रेन से। मगर मसला ये है कि ट्रेन का नाम सुनते ही मुझे घबराहट होने लगती है। ट्रेन को, रेलवे प्लैटफॉर्म को, प्लैटफॉर्म पर भीड़ और ट्रेन से उतरती और चढ़ती भीड़ को देख कर या फिर ट्रेन के दरवाज़े के हैंडल्स को छूने के बाद हाथों में जो लोहे की सी मुश्क आती है उससे, न जाने किस वजह से ट्रेन से सफ़र करने के तसव्वुर से ही मुझे चक्कर आने लगते हैं, हाथ और पैर लरज़ने लगते हैं, साँसें फूलने लगती हैं, बदन एकदम से गर्म हो जाता है और दम घुटने लगता है। ऐसा लगता है जैसे मैं मदद के लिए पुकारना चाहती हूँ मगर किसी तरह से ऐसा मुमकिन नहीं हो पाता और मैं किसी गहरी सुरंग में दाख़िल हो जाती हूँ। इस अज़ीयतनाक कर्ब से निजात पाने के लिए मुझे चाहिए ताज़ा हवा। एक तो सुरंग की तारीकी ऊपर से ग़शी की सी हालत, मैं इधर-उधर भागने लगती हूँ, हवा को ढूंढने, हवा को पकड़ने, हवा को अपने जिस्म में लपेटने और हवा को खाने और मेरे हिस्से आती हैं दीवारें, सुरंग की तारीक दीवारें। गर्मी इस क़दर महसूस होती है जैसे मैं पिघल जाऊँगी, जैसे लोगों की परवाह किये बग़ैर मैं अपने कपड़े फाड़ डालूँगी, जैसे ... जैसे ... नहीं ये कैफ़ियत बयान करना मेरे लिए आसान नहीं। ऐसा मेरे साथ कई दफ़ा हुआ है। मगर हर बार ऐसा हो ये ज़रूरी नहीं, और हर बार ट्रेन में हो ऐसा भी ज़रूरी नहीं। एक दफ़ा मुंबई से गोवा जाते हुए वॉल्वो बस में हुआ था, फिर दो बार लिफ्ट में, और एक बार ट्रेन में। मगर ये ज़िन्दगी

है और सफ़र तो करना ही पड़ता है। शुक्र है मेरे माली हालात अच्छे हैं, तंगहाल होती तो क्या होता? मैंने अपने आपको समझाया। फिर सोचने लगी क्या मुफ़लिसी में किसी को इस तरह के हालात से गुज़रना पड़ता है? या ये सिर्फ अमीरों के चोंचले हैं? मगर मुझे बचपन से ही ऐसा महसूस होता आया है कि मासूम बचपन अमीरी और ग़रीबी के दायरे से परे होता है जैसे कोई आज़ाद परिंदा। मगर उस आज़ाद परिंदे को क़ैद कर दिया जाये तो? क़ैद! कई दफ़ा हम अपने आपको भी क़ैद कर लेते हैं। हाँ, इंसान में अफ़सोस कि इस तरह की कुव्वत मौजूद है। बहरहाल!

मैंने एक इस तरह की एसी सुपरफास्ट ट्रेन में टिकट बुक की जिसमें ज़्यादा स्टॉपेज नहीं थे। बेचैनी की वजह से कई घंटों से सोयी नहीं हूँ, लिहाज़ा सोते-सोते सफ़र कट जायेगा, ये सोचकर मैं शाम के सात बजे वाली ट्रेन, जो अपने निर्धारित समय पर चल रही थी, में जा बैठी और दस मिनट में ही सो गयी।

मेरी बेचैनी का सबब ग़लत साबित हुआ। ऐसा कुछ भी नहीं हुआ जिसका मुझे डर था, अभी तक तो कुछ नहीं हुआ। मैं पाँच-छह घंटे सोयी रही। अब मुझे सुकून है, बस थोड़ी ही देर में धनबाद पहुँच जाऊँगी। इत्मीनान की साँस ली ही थी कि ट्रेन किसी स्टेशन से थोड़ी दूर रुक गयी। रात के दो बजे थे। सर्दियों के दिन थे। ज़्यादातर मुसाफ़िर सो रहे थे, कम्पार्टमेंट की बत्तियाँ गुल थीं। मैंने मन ही मन में कहा, ‘कौन सा स्टेशन होगा?’ मैं चश्मा ढूंढने लगी। चश्मा मिले उससे पहले ही मैंने बग़ल की सीट पर बैठी औरत, जो इयरफोन्स लगा कर गाना सुन रही थी, से पूछा, ‘कौन सा स्टेशन है?

उसने इयरफोन्स निकाले, खिड़की से बाहर देखा और कहा, ‘बोकारो है शायद, मगर ट्रेन प्लैटफॉर्म से अभी थोड़ी दूरी पर है।’

मैंने सोचा, बोकारो पर तो ये ट्रेन दो मिनट से ज़्यादा नहीं रुकती या बोकारो का तो स्टॉपेज है ही नहीं इस ट्रेन का, फिर आधे घंटे से यहाँ कैसे रुकी है? मैंने परेशानी ज़ाहिर करते हुए वाशरूम की तरफ़ जाते हुए एक पैसेंजर से पूछा, ‘आख़िर बात क्या है, ट्रेन क्यूँ रुकी हुई है?’

उस आदमी ने बताया, ‘कोई ट्रेन के नीचे आकर कट गया है शायद, उसी की लाश निकालने में देर हो रही है।’

मैंने अफ़सोस ज़ाहिर किया और उसने भी अपने चेहरे पर उदासी सी तारी कर

ली, मगर हम दोनों ही जानते थे ये महज़ एक फॉर्मेलिटी है। हम सबको, जो पैसेंजर्स जाग रहे थे, जिस किसी भी कम्पार्टमेंट में, ट्रेन के चलने भर से मतलब था। उन सबको कहीं पहुँचने की जल्दी थी और मुझे ... मुझे उसी अँधेरी सुरंग में दाख़िल होने के डर से बचना था।

मुझे अफ़सोस सिर्फ ट्रेन के रुके रहने का था। नफ़्सियाती तौर पर मैं अवसाद-ग्रस्त हो गयी थी। मैंने इस कैफ़ियत से घबरा कर खिड़की से बाहर झाँका तो पाया एक बूढ़ा लकड़ी का गट्ठर लिये जा रहा था। मैंने उसे गौर से देखने की कोशिश की। आख़िरकार चश्मा बैग में से टटोल कर निकाला और पहन ही लिया, फिर ग़ौर से देखा, हाँ, मेरा शुब्हा सही निकला। 'ये तो रामो सेठ ही है।' मैंने मन ही मन में कहा। मगर, रामो सेठ यहाँ?

रामो सेठ को आख़िरी बार मैंने तब देखा था, जब मैं आठ साल की थी। कितने साल हो गये होंगे? मैंने हिसाब लगाना शुरू किया। ग़ालिबन चालीस साल पहले की बात है! हम राउरकेला में रहा करते थे। वहाँ का लेबड़ीया ख़ानदान मशहूर था। वे मध्य प्रदेश के एक छोटे से गाँव लेबड़ से आये थे और राउरकेला में रिहाइश इख़्तियार कर ली थी। किसी ज़माने में उनके पास इतनी दौलत-शोहरत हुआ करती थी कि तीज त्यौहार या ब्याह- शादी के वक़्त नौकरों को भी चाँदी के बर्तन और सोने का कोई ज़ेवर मिलता ही था। कपड़े-लत्ते की तो पूछिये ही मत। लेबड़ीया खानदान के कई कारख़ाने थे, राइस मिलें, तेल मिलें, क्रशअर तथा कई और धंधे थे। उम्र भी सबने कमाल की पायी थी, कोई मर ही नहीं रहा था। उस घर में जितने बूढ़े थे, उतने ही बच्चे भी थे। बच्चे बड़े हो रहे थे और बूढ़े और बूढ़े हो रहे थे। इस तरह ख़ानदान में मज़ीद इज़ाफा होता चला जा रहा था। ख़ैर!

हमारा मतलब यहाँ रामो सेठ से है। रामो सेठ के चार भाई थे और एक भाई की औसतन सात औलादें। रामो सेठ के चार बच्चे थे, दो लड़के और दो लड़कियाँ। बड़ा बेटा अभी दस का भी नहीं हुआ था कि रामो सेठ का दिल उसकी मुलाज़्मा पर आ गया। और एक दिन यूँ हुआ जैसा कि लोग कहते हैं, वह सब कुछ छोड़-छाड़कर मुलाज़्मा के साथ निकल लिया। ये तब की बातें हैं जब मैं पैदा भी नहीं हुई थी। माँ और आस-पड़ोस की औरतों में जो बातें होती थीं, उसी से जो मैंने समझा वही बयान कर रही हूँ।

मुलाज़्मा में मेरी दिलचस्पी इस वजह से हुई कि रामो सेठ को जायदाद से बेदख़ल कर देने के बावजूद रामो सेठ के साथ जाने के लिए राज़ी हो गयी थी। ज़ाहिर है रामो सेठ में रईस होने के अलावा कोई तो ख़ास बात ज़रूर रही होगी और रामो सेठ भी अपनी बीवी (जो दिखने में ख़ासी अच्छी थी, बस फ़रबा बदन थी और हो भी क्यूँ ना आख़िर चार बच्चे जन चुकी थी और घर में करने को कुछ काम था नहीं, बस ठाट बाट थे), चार बच्चे और बेशुमार धन-दौलत छोड़कर मुलाज़्मा के साथ ख़ाली हाथ चल दिया, तो मुलाज़्मा में भी कोई कमाल तो ज़रूर होगा। रामो सेठ चाहता तो अपने भाइयों की तरह अपने जायक़े के मुताबिक औरतें या लड़कियाँ मँगवा कर अपनी ख़्वाहिशें पूरी कर सकता था। फिर उसकी बीवी भी यूँ हर तीज त्यौहार पर न रोती। वो भी उन सेठानियों की तरह झूठी शान में मगन रहती। रामो सेठ की बीवी से सबको हमदर्दी थी। चार बच्चे थे सँभालने को, जायदाद में जहाँ बाक़ी भाइयों को पुश्तैनी हवेली में दस-दस कमरे नसीब आये, वहाँ रामो की बीवी को दो कोने वाले कमरे दे दिये गये। उसके बच्चों के नाम एक कारख़ाना कर दिया गया। और बस, कुछ नहीं। वहाँ बाक़ी भाइयों के नसीब में अलग-अलग शहरों में कई ज़मीनें, राउरकेला में ही बने दूसरे मकान और कई राइस मिलें और बाक़ी कारोबार आये। उनकी बीवियाँ ठाठ से बाहर निकलतीं। उधर रामो सेठ की बीवी पर कोई बुरी नज़र न डाले इसलिए उसे घर पर ही रहने की हिदायत दी गयी थी। वो ख़ुद भी कम ही निकलना चाहती कि कोई तानाकशी ना हो।

ये सब सुनने के बावजूद एक लड़की होने के नाते मुझे रामो सेठ से किसी तरह की नफ़रत न हुई, उल्टा मुझे उसके तरफ़ की कहानी का क्या अंजाम हुआ, जिसकी कोई बात नहीं करता था, में ज़्यादा दिलचस्पी थी। सो मैंने अपनी माँ से कई दफ़ा पूछा, 'क्या रामो सेठ ने उस नौकरानी से ब्याह किया?'

मेरी माँ ने कहा, 'पता नहीं, कहाँ गये दोनों किसी को ख़बर नहीं। उसके भाइयों ने तो उसकी तेरहवीं भी कर दी। ऐसे लोगों का क्या होगा? मर खप गया होगा अब तक तो।'

अब रामो सेठ के बच्चे बड़े हो चुके थे। रामो सेठ के बच्चे चेहरे-मोहरे में रामो सेठ पर गये थे। मैंने एक दिन माँ से कहा था, 'जूही दीदी और रंजन भैया कितने ख़ूबसूरत

हैं न!' माँ ने बताया था वे दोनों अपने बाप पर गये हैं। मतलब ये कि रामो सेठ दिखने में ख़ासा अच्छा था। मेरे ज़ेहन में यूँ ही एक सवाल आया और मैंने पूछा, 'तो क्या वह नौकरानी भी ख़ूबसूरत थी?'

माँ ने कहा, 'ऐसी भी कौन सी हूर परी थी। दूसरा कर लिया होगा जब ये पता चला होगा कि रामो सेठ को जायदाद से कुछ न मिला। नौकरानियों का क्या है? इसी फिराक़ में होती हैं कि कोई फँसे तो इस्तेमाल किया जाये। मुलाज़्मा का काम यहाँ ज़्यादातर आदिवासी औरतें करती हैं, न कपड़े पहनने का ढंग और न बोलचाल का। एक तो ऊँची साड़ी पहनती हैं, उसके साथ ब्लाउज भी नहीं पहनतीं और कनाल से भी नहा कर गीले लिबास में सरे राह लोगों को रिझाती चलती हैं।'

'मगर ज़रूरी तो नहीं रिझाने के मक़सद से ऐसा करती हों। हो सकता है ब्लाउज पहनना उनकी संस्कृति से बाहर की चीज़ हो। उन्होंने इससे पहले कभी नहीं सोचा होगा गीले कपड़े में लोग इस तरह घूरेंगे? मारवाड़ी लोगों ने ऐसी औरतें नहीं देखी थीं इसका ये मतलब तो नहीं कि उनके आदिवासी मर्दों के लिए भी ये कोई अनोखी बात हो!'

'कैसे नहीं पता? ये तो हर औरत को पता होता है।'

औरत का ज़िक्र आते ही मैं चुप हो गयी, मुझे नहीं मालूम था औरत को क्या-क्या पता होता है और मुझे मेरे ही ख़यालों में उलझा छोड़, माँ वहाँ से चली गयी।

पश्चिम ओडिशा की उन आदिवासी औरतों के चेहरे का रंग साँवला या काला होता था मगर उनके चेहरे पर नमक होता था। जंगलों में, कारख़ानों में, अपने घर में और कुछ हद तक दूसरों के घरों में और खेतों में भी काम कर-कर के उनका जिस्म लचीला और सुडौल हो चुका था, ना कि हमारे घर की और घर पर आनेवाली औरतों के बदन की तरह गोल गोल, सफ़ेद और बेरौनक़। शायद वे मारवाड़ी औरतें भी अच्छी लगतीं अगर ज़िन्दगी में कुछ न कुछ काम कर रही होतीं। उनके पास कोई काम न था। बच्चों तक के लिए नौकरानियाँ लगा रखी थीं। आख़िर बोरियत भी कभी नमकीन हो सकती है? बोरियत न जाने कब इंसान की ज़िन्दगी में दाख़िल हुई और धीरे-धीरे उसको दीमक की तरह खाने लगी! बोरियत कुरूप है और हमेशा कुरूप ही रहेगी।

मैं माँ से फिर पूछने चली गयी, 'अगर ऐसा होता तो रामो सेठ वापस ना आ गया होता, माँ?'

माँ ने चिढ़ कर जवाब दिया, 'किस मुँह से वापस आयेगा? मुँह दिखाने लायक बचा है?'

मैंने फिर पूछा, 'मगर माँ अपने भाइयों से तो ठीक ही है, कम से कम एक औरत के साथ गया है। आख़िर कोई तो बात होगी उस मुलाज़्मा में ...। रामो सेठ के भाई तो ...।'

मैं कुछ कहूँ उस से पहले माँ ने मुझे एक थप्पड़ जड़ दिया, 'कहाँ-कहाँ से सुन लेती हो ये सब?'

'मगर सच ही सुना है ना, माँ, वे सब कहाँ मुँह दिखाने के क़ाबिल हैं?' अपने गाल पर हाथ रख मैं ये कहती हुई कमरे से बाहर निकल गयी।

माँ नहीं चाहती थीं कि समाज के स्ट्रक्चर के साथ कुछ भी छेड़छाड़ हो। ढके-छुपे सब चलता रहे मगर खुलेआम कुछ ना हो। उन्होंने मुझे बातें बतानी बंद कर दीं। उन्हें मेरा सवाल करना पसंद नहीं आया। वे उन औरतों में से थीं जो रामो सेठ से नफ़रत करतीं और साथ ही साथ उसकी बीवी की बेबसी पर तरस खाने में एक किस्म की लज़्ज़त महसूस करतीं। अब हमारे आँगन में बैठी औरतें रामो सेठ की बात इतने धीमे से करतीं कि मेरे कानों तक कम ही पहुँचती।

एक बार गणगौर के त्यौहार पर सारी औरतें मेरे घर पर इकट्ठा हुईं। 'गोर ए गणगौर माता खोल ए किवाड़ी ...' गाने के दरमियान मैंने सुना उस मुलाज़्मा की बात फिर निकल आयी थी।

एक ने कहा 'उसे क्या मालूम तीज त्यौहार?'

दूसरी ने कहा, 'आयी थी झाड़ पोंछ करने उनके घर तो कितनी पतली-सिकुड़ी थी और फिर महीने भर में किस तरह दूध-मलाई खा कर रूप निखर आया था। काले रंग पर भी गुलाबीपन झलक रहा था।'

तभी दूसरी औरत ने उसको टोका और तंज़ भरी मुस्कराहट के साथ बोली, 'अरे, दूध मलाई नहीं, किसी और ही चीज़ से रंग चढ़ आया था। देखा नहीं गाल इतने उभर आये थे कि आँखें तक कलमुँही की अंदर धँसने लगी थीं।'

मैं सोचने लगी ऐसी क्या अनोखी चीज़ उसके हाथ लग गयी थी? वह चीज़ शायद

इन औरतों को भी हासिल है इसलिए तो ये लोग इतनी भारी हैं। मगर इस दफ़ा मुझे उनसे कुछ कहने या पूछने की हिम्मत ना हुई। माँ ने दूर रहने को कहा था। जब उनकी सहेलियाँ आतीं तो वे कहती, 'जा, जा कर खेल।' बाक़ी किसी भी वक़्त वह खेलने पर ज़ोर नहीं देतीं थीं। आख़िर खेलती भी किसके साथ? न मेरे कोई भाई-बहन थे और ना ही कोई दोस्त।

इस दफ़ा मुझे रामो सेठ की बीवी का भी ख़याल आया था, वह न गणगौर पर आती थी और न ही अग्रसेन जयंती में दिखती, अलबत्ता उसके बच्चे अग्रसेन जयंती में बराबर शरीक होते थे। मैं सोचने लगी क्या वह वाकई तन्हाई में दिन गुज़ारती है या फिर उसने भी ढके-छुपे कोई रास्ता अपना लिया है? समाज में तो वे ही बदनाम हैं जो समाज से सामने से लड़कर अपनी मंजिल हासिल करते हैं। बहरहाल!

वक़्त के साथ साथ मैं रामो सेठ के किस्से को फ़रामोश कर गयी।

एक दिन मैं अपने बाबा के साथ रेलवे स्टेशन किसी को सी-ऑफ करने गयी थी। रामो सेठ लकड़ी का गट्ठर उठाये ट्रेन से उतरा। ये लकड़ियाँ शायद खाना पकाने में इस्तेमाल की जाती थीं। वह उन दिनों लकड़ी के खिलौने भी बेचा करता था। बाबा यूँ तो उस ज़माने में 555 ब्रांड की सिगरेट पिया करते थे मगर उसको बीड़ी जला कर दी। यूँ एक मामूली से फेरीवाले को बीड़ी थमा कर उसको लाइटर भी दिया, ये बात मुझे हज़म न हुई। बिना पूछे ही उन्होंने मुझे बताया, 'ये रामो सेठ है। अब ये हाल है उसका, तरस आता है।' बाबा के 'तरस' और माँ के 'तरस' में फ़र्क़ था। मुझे फिर वो बात याद आ गयी और मैंने मन ही मन में कहा, 'अगर नौकरानी ने कोई और आदमी कर लिया होता तो वह यक़ीनन वापस आ गया होता और हमारा समाज उसे क़बूल भी कर लेता। एक बार को मान लें कि समाज क़बूल न भी करता तो यक़ीनन उसकी बीवी उसे अपना लेती।' इतनी समझ उस वक़्त मुझ में थी।

मुझे रात भर नींद न आयी। मुझे ये मालूम हो कि ये शख़्स रामो सेठ है, उससे पहले ही चुपके से एक लकड़ी का घोड़ा मैंने रामो सेठ की टोकरी से उठा लिया था। वह ट्रेन से उतरकर लकड़ी के गट्ठर को किनारे रख, एक छोटी-सी टोकरी में रखे लकड़ी के खिलौने बेचने लगा था। मेरे बाबा ने भी उसे उस वक़्त नहीं पहचाना था। बाबा ने

एक लकड़ी के घोड़े का दाम पूछा। उस ज़माने में वह घोड़ा सत्तर रुपये का था। बाबा को घोड़ा महँगा मालूम हुआ, वह जाने को ही थे कि रामो सेठ ने एक बीड़ी माँग ली। तभी बाबा उसे पहचान गये।

'अरे रामो सेठ! सब ठीक है? कैसे हो?'

रामो सेठ ने हाथ मिलाया और सर हिला कर बता दिया कि सब ठीक है। बाबा ने अब एक बीस रुपये का खिलौना ले दिया, वह भी सिर्फ रामो सेठ का एहतराम कर। वरना कोई और फेरीवाला होता तो ये खिलौना भी नसीब न होता। हमारे घर के लोग हिसाब के पक्के थे, घाटे का सौदा कभी नहीं होने देते थे, चाहे वो अपनी इकलौती बेटी के लिए कोई तोहफ़ा ही क्यूँ न लेना हो। बहरहाल! मेरा दिल तो लकड़ी के घोड़े पर ही था, और मैंने यह घोड़ा तब उठाया, जब बाबा से बीड़ी माँगने के लिए रामो सेठ थोड़ा आगे बढ़ा था।

रामो सेठ इतना कमज़ोर था कि उसका पेट उसकी पीठ के अंदरूनी हिस्से को छू रहा था, उधर लेबड़ीया ख़ानदान के बाक़ी लोगों की तोंद ज़मीन को छूने को थी। घर में हर डाइनिंग टेबल पर ड्राई फ्रूट्स रखे होते। हम उनके घर जाते तो बादाम और तरह-तरह के शरबत पेश किये जाते। तरह-तरह की मिठाइयाँ मिलतीं, बेल्जियम और न जाने कहाँ-कहाँ की चॉकलेट मिलतीं जिनका पहले ज़िक्र भर ही सुना था हमने।

कुछ दिनों बाद ख़बर मिली कि रामो सेठ भूख से मर गया। यह सुनकर मेरी आँखों के आगे अँधेरा छा गया।

'कितने दिन खाना ना खाने से आदमी मर जाता है? दो दिन? नहीं। पाँच दिन? हो सकता है।' मैंने मन ही मन में कहा।

रामो सेठ की क्या इतनी भी आमदनी नहीं थी? और अगर ये सत्तर रुपये का खिलौना चुराने के बजाय ख़रीदा गया होता तो ...? तो कम से कम चार दिन तक पखाल भात तो खा ही पाता। मगर अकेला थोड़े था, वह मुलाज़्मा भी तो होगी उसके साथ, और बहुत मुमकिन है कि बच्चे भी हों। तो उस सत्तर रुपये से दो दिन पखाल तो सब कोई खा सकते थे। तो क्या रामो सेठ की मौत की ज़िम्मेदार मैं हूँ? नहीं। नहीं नहीं। वह मुलाज़्मा भी तो कुछ न कुछ काम करती होगी। पहले भी तो काम करती थी। हाँ और नहीं के दरमियान मुझे चक्कर आने लगे थे।

मैंने पढ़ाई-लिखाई छोड़कर कर अपने आपको एक कमरे में बंद कर लिया। मुझे बत्ती से डर लगने लगा था कि कहीं जलती लाइट में घर के लोग मेरे चेहरे को देख कर पढ़ न लें कि रामो सेठ मेरी वजह से मरा है। मैंने तीन दिन खाना नहीं खाया। फिर घरवालों ने ज़बरदस्ती खिला दिया। मैंने उस रात फिर एक चोरी की। अपने बाबा की अलमारी से मैंने एल्प्राक्स की गोलियाँ चुरायीं। मैंने एल्प्राक्स की चार गोलियाँ खा लीं मगर मैं जितना सोती थी उससे भी कम सो पायी। मुझे बेहद अफ़सोस हुआ कि मैं मरी कैसे नहीं। फिर दूसरे दिन अपने घर के मुलाज़िम से वालियम टेन की गोलियाँ मँगवा लीं। मुलाज़िम जोखिम उठाते हुए केमिस्ट से दवाई ले आया, ये कह कर कि साहब ने मँगवायी हैं। मैंने दूसरी रात वालियम टेन की दस गोलियाँ खायीं मगर फिर भी मैं नहीं मरी। इसी तरह बंद कमरे में मुझे एक महीना गुज़र गया। मैं खाना खाती और फिर कमरे में बंद हो जाती। उन्हीं दिनों हमारी एक हमसाया जो मेरी हमउम्र भी थी, मलेरिया से चल बसी थी। घरवालों ने सोचा मैं उसी के सदमे से कमरे में बंद हूँ। मगर सच बताऊँ तो मैंने उस लड़की को कभी ठीक से देखा तक नहीं था, उसका जीना या मरना मेरे लिए बराबर था।

मेरे घर में यूँ भी लड़की का परदे में रहना बेहतर माना जाता था। एक तो लड़कियों की ज़रूरत नहीं होती थी हमारे मुआशरे में, मगर अब जब कोई दूसरी संतान नहीं है, लड़की पैदा हो ही गयी है तो घर में बैठी रहे, बाहर न निकले, पढाई-लिखाई न करे- इस तरह के ख़यालात मौजूद थे। मैं बंद कमरे में बैठने की आदी हो गयी थी। यूँ कई साल बीत गये। ख़ुदकुशी की सारी कोशिशें नाकामयाब साबित हुईं। और रामो सेठ के लकड़ी के घोड़े को देख-देख मैं पहले कुछ महीने ख़ूब रोयी। मेरा दम घुटता था उस बंद कमरे में, मगर मैं उस दर्द को महसूस करना चाहती थी। भूखी मुझे घरवाले रहने नहीं देते थे। मैंने बचपन से सिर्फ आज़ाद परिंदों को पसंद किया था, खुला आसमान मुझे बेहद भाता था। बंद कमरे में क़ैद होना मैंने अपने लिए ख़ुद सज़ा मुक़र्रर की थी क्योंकि और कोई नहीं जानता था कि रामो सेठ ग़ालिबन मेरी वजह से ही मरा था। वह घोड़ा अब हर रात मुझे अपने पैरों तले रौंद-रौंद कर मार डालता और हर सुबह मैं वापस जिंदा हो जाती।

ट्रेन चल पड़ी थी। मैं अपने माज़ी से बाहर निकली।

'रामो सेठ बोकारो कैसे पहुँच गया?' मेरे ज़ेहन में यह सवाल गूँजा।

फिर अगले ही पल याद आया, वह तो मर चुका था। मेरा दम फिर घुटने लगा। मुझे महसूस हुआ अचानक ट्रेन की सारी बत्तियाँ बुझ गयीं हों। जैसे मैं एक गहरे कुएँ में हूँ। मैं एक अधेड़ उम्र की औरत न होकर एक आठ- दस साल की बच्ची मालूम हो रही हूँ। मैं चिल्ला रही हूँ कि कोई मुझे बचाये मगर वह कुआँ किसी वीरान जगह में है। धीरे-धीरे रात गहराने लगी है और मेरी अपनी चीख़ जो पहले कुएँ की दीवार से टकरा कर वापस आ रही थी, अब मेरे अपने जिस्म के अंदर टकरा कर अंदर ही इको हो रही है, जिससे मेरा पूरा बदन काँप उठा है। मेरे पैर धीरे-धीरे गलने लगे हैं। उधर कुएँ के पास के दरख़्तों ने कुएँ को ढकना शुरू कर दिया है। कहीं रौशनी नहीं है। अब कुआँ मुसलसल अँधेरे से घिरा हुआ है। और कुएँ को घेरने वाले दरख़्तों की डाल रफ़्ता-रफ़्ता मेरी तरफ़ बढ़ रही हैं। बिल-आख़िर वह डाल किसी अज़गर की भाँति मेरे जिस्म से लिपट गयी और ऐसा महसूस हुआ मानो मेरी हड्डियों का चूरा बन रहा है।

मैं हड़बड़ा कर अपने वहमो गुमान से बाहर निकली। इस तरह किसी अँधेरे कुएँ में इतना लंबा अरसा गुज़ारने के बाद जीना कौन चाहेगा? मैं नौसिआटिक महसूस करने लगी, सो ट्रेन के दरवाज़े पर जाकर गहरी साँस के साथ ताज़ा हवा को अपने अंदर भरने लगी। अब मुझे बेहतर महसूस होने लगा। आउटर था और ऊपर से सर्दियों की बाद-ए-नसीम।

मगर फिर दफ्फतन रामो सेठ नज़र आया, लकड़ी का गट्ठर सर पर लादे हुए। ट्रेन में फिर से बत्तियाँ गुल हो गयीं। ट्रेन अब किसी सुरंग-सी मालूम हो रही थी और मुझे साँस लेने में ख़ासी तकलीफ़ होने लगी। मैंने देखा ट्रेन के बाहर रौशनी है और मैं रामो सेठ के पीछे भाग रही हूँ।

'मैं' यानी कि अपने बचपन की मैं, रामो सेठ के पीछे भागती रही, 'ओ रामो सेठ, तुम्हारा लकड़ी का घोड़ा, ये लो तुम्हारा लकड़ी का घोड़ा!'

अगले दिन बोकारो में चर्चा थी- 'बोकारो स्टेशन पर थोड़े ही फ़ासले के दरम्यान दो शव बरामद हुए – पहला एक घोड़े का और दूसरा एक औरत का, जिसके बैग में खिलौने वाला एक लकड़ी का घोड़ा पाया गया।

राम नगीना मौर्य

यात्रीगण कृपया ध्यान दें

मथुरादास, बिटिया और पत्नी संग मेमू-ट्रेन के इंतज़ार में कानपुर रेलवे स्टेशन के प्लैटफॉर्म पर खड़े थे। अगस्त का महीना था। यद्यपि रिमझिम बारिश हो रही थी, परंतु मौसम में अभी भी उमस और गर्मी की तपिश बनी हुई थी। प्लैटफॉर्म पर मुसाफिरों की ज़बरदस्त गहमागहमी थी। 'यात्रीगण कृपया ध्यान दें – नयी दिल्ली से चल कर ...' बीच–बीच में उद्घोषक द्वारा ट्रेनों की आवाजाही की सूचनाएँ भी दी जा रही थीं। मेमू-ट्रेन अभी आयी नहीं थी, लेकिन प्लैटफॉर्म पर यात्रियों की ज़बरदस्त भीड़-भाड़ देखकर, बोगी में ठेलम-ठेल रहने के दृष्टिगत, बैठने वास्ते सीट मिलने के बारे में उनके ज़ेहन में बराबर आशंका बनी हुई थी।

चूँकि अभी समय था और मथुरादास को ज़ोरों की भूख लगी थी, सो उन्होंने अपने साथ लाये टिफिन, जो अभी भी खाये बिना रखा रह गया था, से भोजन कर लेने का निर्णय लिया। उन्होंने प्लैटफॉर्म पर ही एक तरफ़ किनारे लगी माल ढोने वाली ट्राली पर थोड़ी जगह देखकर, सपरिवार वहीं बैठ, अपना टिफिन खोल लिया।

अभी उन्होंने दो-चार कौर ही मुँह में डाला होगा कि फटे-पुराने कपड़ों में एक बूढ़ी महिला, जो शायद भिखारन थी, उनके सामने आकर अपनी दोनों हथेलियाँ पसारे खड़ी हो गयी। उसे देखते ही उन्होंने भोजन करना बंद कर दिया। बिटिया ने ही राह निकाली। उसने एक रोटी में थोड़ी सब्ज़ी रखकर उसके आगे बढ़ा दिया। भिखारन ने अपने दोनों हाथ आगे बढ़ाकर बिटिया के हाथ से रोटी-सब्ज़ी ले लिया और आगे बढ़ गयी।

'यात्रीगण कृपया ध्यान दें ...' उद्घोषक द्वारा मेमू-ट्रेन के आने की सूचना दी गयी। मथुरादास की तंद्रा टूटी। उन्होंने जल्दी-जल्दी अपना भोजन समाप्त किया। अगले ही पल ट्रेन धड़धड़ाती हुई प्लैटफॉर्म पर आकर खड़ी हुई।

मथुरादास के सामने रुके डिब्बे में ज़्यादा भीड़ नहीं थी। सो वो सपरिवार फुर्ती से सामने वाली बोगी में ही जा घुसे। बावजूद तमाम आशंकाओं के, थोड़ी-बहुत मशक़्क़त के बाद उन्हें पत्नी, बेटी संग आराम से बैठने के लिए सीट मिल ही गयी।

वे अभी इत्मीनान से बैठे ही थे कि एक नवविवाहित जोड़ा भी बोगी में चढ़ा। डिब्बे का वातावरण गुलाबी सेंट की ख़ुशबू से सुवासित हो उठा। उस जोड़े के पीछे करीब दस-बारह और बूढ़े-बुज़ुर्ग लोग भी बोगी में चढ़ आये, जिन्हें देख कर लग रहा था कि इतने लोगों को तो यहाँ बैठने के लिए जगह मिलना बहुत ही मुश्किल होगा। लेकिन अगले ही पल ... वहाँ बैठे यात्रियों को इत्मीनान हुआ। नवविवाहित जोड़े के साथ आये लोग एक-एक कर उतरने लगे। ओ-हो ...! तो ये लोग इन्हें छोड़ने आये थे। हां! पर, उतरने से पहले सभी ने उन्हें कुछ-न-कुछ हिदायतें ज़रूर दी ... जैसे, 'ट्रेन में होशियार रहना चाहिए। किसी का दिया हुआ खाद्य पदार्थ नहीं लेना चाहिए। अपने सामान की सुरक्षा ख़ुद करनी चाहिए।' ... वगैरह–वगैरह। एक सज्जन जिन्हें वो लोग 'नेता जी' कह कर पुकार रहे थे, ने तो चलते-चलते उन्हें ये हिदायत भी दी कि ... 'बीच में कहीं मत उतरना। लखनऊ आने पर ही उतरना।'

यद्यपि दुल्हन घूँघट में थी, लेकिन उस गौरांगी के आल्ता रचे पैर और मेहंदी रची ख़ूबसूरत हथेलियाँ ज़रूर दिखायी दे रही थीं। दुल्हन के एक हाथ में मोबाइल फोन, तो दूसरे हाथ में एक छोटा सा फूलदार रूमाल था, जिसे वह बीच-बीच में घूँघट के नीचे ले जाकर शायद आँसू या नाक, पोंछ ले रही थी। किसी नवविवाहिता की विदाई के मौक़े को देखते, सहज ही ऐसा अंदाजा लगाया जा सकता था।

नवविवाहित जोड़े के साथ टी-शर्ट और जीन्स पहने एक और पहलवान सरीखा युवक भी था, जो तीखी नाक वाले लंबे से दूल्हे को बार-बार, 'जीजा-जीजा' कह कर संबोधित कर रहा था। 'भइय्या मोरा गबरू है, सैंय्या मोरा बांका ...' उन्हें देख कर सामने की सीट पर बैठे मथुरादास को बरबस ही ये दिलफ़रेब गाना याद आ गया। एक-दो यात्रियों से खिसकने, जगह देने का निवेदन करते वो तीनों, मथुरादास के

सामने वाली सीट पर ही बैठ गये। उनके साथ ज़्यादा समान नहीं था। एक छोटा तो दूसरा बड़ा बैग ही था। छोटा वाला बैग दूल्हे ने अपने पैरों के नीचे दबा रखा था, तो बड़ा वाला बैग दुल्हन के पैरों के पास रखा था। बड़े वाले बैग में ज़्यादा सामान होने के कारण उसकी चेन पूरी तरह बंद नहीं हो पायी थी। ध्यान देने पर उसमें से झाँकते 'पेरिस-ब्यूटी' को साफ़–साफ़ देखा जा सकता था।

अब बारिश बंद हो जाने से आसमान साफ़ हो गया था। खिड़की के पास बैठे होने से खिड़की से छन-छन कर आती धूप, कभी उस नवविवाहिता के माथे, तो कभी उसकी हथेलियों पर आड़े-तिरछे पड़ रही थी। उसके हाव-भाव से ऐसा लगता जैसे कि वो मोहतरमा घूँघट के अंदर से अपने आसपास बैठे यात्रियों को टुकुर-टुकुर ताकती भी जा रही थीं। सीट पर आमने-सामने बैठे होने से नवविवाहिता और मथुरादास के बीच ज़्यादा फासला भी नहीं था। 'लेडीज-फिंगर' के मानिंद पतले सिरों वाले उसकी उँगलियों के सभी नाख़ूनों पर चमकदार नेल पॉलिश, पूरी शिद्दत से खिल रहा था। हाथों-पैरों को देखने से उसकी उम्र के बारे में अंदाज़ा लगाया जा सकता था। उसकी उम्र यही कोई बीस से पच्चीस बरस के आसपास की रही होगी। ... 'आपके पाँव देखे ...' जी हाँ, उसे देखते, मथुरादास के जेहन में यक-ब-यक यही संवाद उभरा। ... 'रुख से जरा नक़ाब उठा दो मेरे हुज़ूर ...' उन्हें ऐसा ही कुछ गुनगुनाने का मन भी हुआ। पर ये तो धृष्टता होती। कहीं आसपास बैठे यात्री, उन्हें ऐसा कहते, गुनगुनाते सुन लेंगे तो क्या कहेंगे? वो मथुरादास की इस ढिठाई पर उन्हें आड़े हाथों भी ले सकते थे।

नवविवाहित जोड़े को देखते, जिज्ञासु मन मथुरादास के मन में किसी बहाने, एकबारगी उनसे बतियाने, उनका परिचय जानने की उत्सुकता हुई। उनका ये भी मन हुआ कि बहाने से ही पूछ लूँ, ... 'आप लोग कौन हो? कहाँ से आ रहे हो? लखनऊ में कहाँ जाना है? मैं एक लेखक हूँ। अपने विभिन्न स्थलों की यात्रा के अनुभवों पर आधारित एक संस्मरण लिख रहा हूँ। आप लोगों से मुलाकात और बातचीत के आधार पर आपके बारे में भी कुछ लिखना चाहूँगा।' ... परंतु झिझक या कह लीजिए संकोचवश वे ऐसा कुछ भी कह नहीं पाये। उन्हें ये भी तो आशंका थी कि सार्वजनिक रूप से पूछी गयी ऐसी बातों पर वो दंपती या साथी यात्रीगण, पता नहीं उनके बारे में क्या सोचें? फिर, साथ में उनकी पत्नी और बिटिया भी तो बैठे थे। पता नहीं वो उनके

बारे में क्या धारणा बना लें? दो-तीन बार तो पत्नी, जो उनके रग-रग से वाक़िफ़ होने का दावा करती है, ने उस दंपती के हाव-भाव पर गौर करते, मथुरादास को उनकी ओर एकटक देखते, उन्हें घूरकर देखा भी था।

देखा जाये तो ... कभी-कभार, एक-दूसरे को देखते हुए लोगों को देखना, उनकी बॉडी-लैंग्वेज के आधार पर ये अंदाज़ा लगाना कि वे क्या कुछ सोच रहे होंगे, ख़ासा दिलचस्प अनुभव हो जाता है। हाँ, पर गरज ये भी कि उतने समय आप अपनी तरफ़ किसी को घूरता हुआ देखना न चाहते हों। मथुरादास उस समय कुछ ऐसे ही मंज़रेआम में खोये हुए थे।

'ये देखिये भाई जी! बच्चे कितने क्यूट लग रहे हैं न?'

'अरे वाह! और उनके पिता भी।'

'कोई ऐतिहासिक जगह लग रही है? थोड़ा ज़ूम कीजिए। पीछे शायद बिल्डिंग के निर्माण का वर्ष लिखा दिख रहा है।'

'अट्ठारह सौ छियासी? अरे वाह! आपका अंदाज़ा बिलकुल सही था। काफ़ी पुरानी बिल्डिंग है।'

'मानते हैं न! मेरी नज़र अभी भी तेज़ है?'

'सो तो है। वैसे, बढ़िया जगह है। आप भी घूम आइये। बच्चों से मिलना-जुलना, साथ ही घूमना-फिरना भी हो जायेगा?'

'अरे भई, अपनी किस्मत में कहाँ ये सब? ऊपर से गठिया-हवा-बतास की दिक़्क़त अलग से है। अब तो सीढ़ियाँ चढ़ने में घुटनों में भयंकर दर्द होने लगता है।'

'चलिये, छोड़िये ख़ैर ...। अब आप इन तस्वीरों पर कुछ अच्छा सा कमेंट तो लिख ही दीजिए।'

'कैसे कमेंट्स?'

'जैसे ... क्यूट, ऑसम, वेरी यंग, वेरी नाइस ... वगैरह–वगैरह।'

'अरे! नहीं भई, मुझे इस तरह के बेवज़ह के कमेंट्स लिखने की आदत नहीं।'

'भई वाह! आजकल तो फैशन हो गया है। व्हाट्सएप, सोशल-मीडिया पर आये ऐसे संदेशों पर लाइक, कमेंट्स, आदि लिखना-भेजना।'

'भई देखिये! ये सब बातें मुझे प्रभावित नहीं करतीं। फिर जब वो लोग मुझसे

बात नहीं करते, तो मैं भला क्यों ऊल-जलूल कमेंट्स लिखता फिरूँ? अब तो हम सिर्फ़ सोशल-मीडिया पर फ्रेंड्स भर हैं, इससे ज़्यादा कुछ नहीं।' दो अधेड़ से सज्जन, जो शायद मित्र रहे होंगे, मोबाइल पर आये व्हाट्सऐप संदेश को देखते-दिखाते आपस में बतिया रहे थे। उनके बीच हो रही आपसी बातचीत से मथुरादास ने ये भी अंदाज़ा लगा लिया कि वे दोनों अलग-अलग राजनीतिक पार्टियों के समर्थक हैं। मथुरादास मन-ही-मन सोच रहे थे ... कितना अजीब है न! हम अजनबियों को थोड़ी ही देर में पूरी तरह समझने-बूझने का दावा करने लगते हैं, जबकि बगल बैठी पत्नी, अपने नाते-रिश्तेदारों, मित्रों आदि जान-पहचान के लोगों को तो वो कब से जानने–समझने की कोशिश करते रहे हैं, पर कितना जान पाये, उन्हें ख़ुद नहीं पता। ख़ैर ...।

अब उन दोनों सज्जन की तरफ़ से नज़रें हटाते मथुरादास ने एक सरसरी निगाह डिब्बे में बैठे, खड़े, तो कुछ ऊँघते हुए अन्य यात्रियों पर फेंकी। ज़्यादातर यात्री खिड़की के उस पार दिखते, पीछे भागते मकान-दुकान, खेत-खलिहान, पोखर, चरागाहों में चरते जानवरों से बेपरवाह, कानों में मोबाइल के ईयर-फोन ठूँसे, अपने-आप में मगन ... शायद अपना-अपना मनपसंद गाना सुनने में व्यस्त थे। खस-खस दाढ़ी मूँछों में, क्लीनशेव से संभ्रांत दिखते, लंबे, ठिगने, भीमकाय शरीर वाले, तो कुछ देहाती वेशभूषा में, विविधता में एकता का चित्र प्रस्तुत करते, हर तरह के यात्रियों को देखना, उनकी बातें सुनना एक विलक्षण अनुभव से गुज़रने सरीखा तो है ही।

मथुरादास ने ग़ौर किया कि डिब्बे में उस वक़्त नवविवाहित जोड़े से मोहाविष्ट कितने ही यात्री निहायत ही सभ्य तरीके से बतिया रहे थे। कुछ लोग तो देश-दुनिया के ताज़ा हालात पर अपने दुनियावी ज्ञान का पिटारा खोले हुए थे, तो कुछेक ने यह जानकारी भी दी कि उनके यहाँ कितने बीघे पुदीने आदि की खेती होती है।

बहरहाल ... ट्रेन चलने को हुई। मानुष स्वभाव ... आसपास मर्दुम-शनास नज़रें, नवविवाहिता के मेहँदी रचे हाथ, आल्ता रचे पैरों को देखते, यात्रीगण शायद ... उसके रंग-रूप की कल्पना में भी खोये हुए थे कि ... 'हमें प्यास लगी है। पानी पीना है।' घूँघट के अंदर से आवाज़ आयी।

'अरे! साथ में पानी लेकर चलना तो हम भूल ही गये ... अब तो ट्रेन भी चल दी है। डिब्बे में कोई पानी की बोतल बेचने वाला भी नहीं दिख रहा। थोड़ा इत्मीनान

रखो। अगले स्टेशन पर ट्रेन रुकने पर ही अब पानी मिल सकेगा।' बगल बैठे दूल्हे ने नवविवाहिता को अपने तरीके से ढांढस बंधाया और जेब से एक टोपी निकालकर अपने सिर पर लगा लिया।

'आंटी की आवाज़ कितनी स्वीट है ना?' मथुरादास की बेटी अपने पिता से मुख़ातिब हुई।

'आँय ...?' दाहिने बगल बैठी मथुरादास की बेटी के इस प्रश्न को वो सुन नहीं सके या शायद ... उन्हें ठीक से सुनायी नहीं दिया।

'बिटिया कह रही है कि दुल्हन की आवाज़ बहुत स्वीट है।' इस बार मथुरादास के बगल बैठी पत्नी ने सामने की सीट पर बैठे उस दंपती के हाव-भाव, बोली-बानी सुनते उनके कानों में धीरे से ये मंत्र फूँका।

'आँय? ... क्या कहा?'

'आपसे तो कुछ कहना ही बेकार है। धीमे कहिये तो सुनाई नहीं देगा, पर कुछ बातें यहाँ ज़ोर से सबके सामने कह भी तो नहीं सकती।' पत्नी ने नाक-भौं सिकोड़ते कहा।

'अच्छा! थोड़ा और नज़दीक आकर बायीं तरफ़ वाले कान में बताओ।' मानो, उन्होंने पत्नी का काम आसान किया हो।

'बिटिया कह रही है कि दुल्हन की आवाज़ कितनी स्वीट है ना?' मथुरादास की पत्नी ने थोड़ा नज़दीक आते, फुसफुसाते हुए उनकी बायीं कान में कहा। 'हुंह ...।' इस बार मथुरादास ने सजगतापूर्वक तर्जनी उँगली अपने होठों पर रखते, आँखें तरेरते, पत्नी को चुप रहने या धीमे बोलने का इशारा किया।

'मुझे पता है, आप किन ख़यालों में खोये होंगे?' ये बात उनकी पत्नी ने तनिक शरारती अंदाज़ में कहा था। बगल बैठी बिटिया भी सिर्फ मुस्कुरा कर रह गयी। प्रतिक्रियास्वरूप झेंप मिटाने वास्ते मथुरादास को स्वभावतः अपनी नाक खुजाने का अभिनय करना पड़ा।

'अरे यार, लिखने-पढ़ने वाला आदमी हूँ। आसपास के प्रति हर वक़्त सतर्क ढंग रहना पड़ता है। चीजों, घटनाओं, देश-काल-स्थिति-परिस्थितियों पर बारीक नज़र रखते, गहन पड़ताल करनी पड़ती है, तब कहीं जाकर कुछ लिखने लायक क्लू मिल

पाता है। फिर, यात्राएँ तो विविध अनुभवों का भंडार होती हैं। पता नहीं किस भेष में कैसे-कैसे लोगों से मिलने-बोलने का अवसर मिल जाये?' मथुरादास ने अपने तरीक़े से पत्नी को समझाने का असफल प्रयास किया।

'आप मुझे बेवक़ूफ़ समझ रहे हैं? मुझे बता रहे हैं? उसे जो आपकी नस-नस से वाक़िफ़ है। मुझे अच्छी तरह पता है, आपकी सतर्क ढंग नज़र के बारे में। बड़े आये बारीक नज़र वाले।' पत्नी ने बनावटी गुस्सा दिखाया था।

'अच्छा! तो तुम भी इन मोहतरमा के रंग-रूप में खोयी हुई हो?' मानो मथुरादास ने अपने कुतर्क को तर्कपूर्ण साबित करने की कोशिश की हो। मैं ही क्यों, ज़रा अपने अगल-बगल बैठे इन यात्रियों को भी तो देखिये। ऐसा लग रहा है कि सभी की आड़ी-तिरछी नज़रें उसी ओर लगी हैं। फिर ... हाथ-पाँव देखकर तो रंग-रूप के बारे में अंदाज़ा लग ही जाता है।' पत्नी ने तनिक मुस्कियाते, इशारों में ही धीमे से जवाब दिया। 'शायद ... तुम्हारा अंदाज़ा ठीक ही है।' मथुरादास ने भी सहमति में सिर हिलाया। 'पर मैं देख रही हूँ ... पचास से ज़्यादा उमर हो गयी। बच्चे जवान हो गये हैं। लेकिन, आपकी भी ताक-झाँक वाली आदत अभी गयी नहीं।' इस बार मथुरादास की पत्नी ने अपनी भृकुटियाँ टेढ़ी करते कहा था।

'अरे यार! जरा धीमे बोलो। अपने आसपास के प्रति जागरूक रहने में कोई बुराई नहीं है। फिर ज्ञान के लिए जिज्ञासु होना बहुत ज़रूरी है। वैसे भी ... यात्राओं के समय तो ख़ासतौर से सतर्क रहना चाहिए।' मथुरादास ने पत्नी की ओर देखते, तनिक रोष जताते उन्हें अपने तरीके से समझाने का प्रयास किया था।

पुरूष क्या, वहाँ बैठी महिला यात्रियों के भी हाव-भाव देखते, उनकी बातचीत सुनते, साफ़ लग रहा था कि सभी उन मोहतरमा के व्यामोह में खोये हुए थे। मथुरादास व उनकी पत्नी के बीच ये खुसर-फुसर चल ही रही थी कि ट्रेन अगले स्टेशन पर रुकी।

'क्या यहाँ पानी मिल जायेगा?' नवविवाहिता ने अपने पति को कुहनी मारी, पर उसने ध्यान नहीं दिया। फिर उसने अपनी उँगली से पति के पेट में कोंचते हुए कहा।

'हाँ-हाँ ... देखता हूँ ...। शायद, पानी मिल जाये। मनीष! तनिक सामान देखते रहना, मैं पानी लेने जा रहा हूँ?'

दूल्हा, दुल्हन के भाई को बैग-बैगेज देखते रहने की हिदायत देते वहाँ से जाने को

उद्यत हुआ। युवक के प्लैटफॉर्म पर उतरने के बाद नवविवाहिता अपने हाथ में लिये मोबाइल फोन में कुछ देखने लगी।

'ये लो ... पियो। थोड़ी मेरे लिए भी बचा देना। पानी वाले के पास सिर्फ़ एक ही बोतल बची थी।' अगले ही पल वो युवक प्लैटफॉर्म स्थित दुकान से मिनरल वाटर की एक बोतल बगल में दबाये हाज़िर हुआ।

'क्या यहाँ खाने को भी कुछ मिलेगा? मुझे भूख लगी है।' नवविवाहिता ने अपने पति की तरफ़ सिर घुमाते कहा।

'अरे! भई, यहाँ स्टेशन पर क्या होगा, सिवाय तले-भुने हुए खाद्य-पदार्थों के?' दूल्हे ने अपनी दुल्हन की ओर प्यार से देखते हुए कहा।

'लेकिन मुझे ज़ोरों की भूख लग रही है। मुझे भुट्टा खाने का मन है।' नवविवाहिता ने प्लैटफॉर्म पर भुट्टा सेंकते, खिड़की के बाहर एक फेरीवाले की ओर उँगली से इशारा करते हुए कहा। लेकिन तभी ट्रेन ने सीटी दे दी।

'अब तो ट्रेन चल दी है। अगले स्टेशन पर देखता हूँ। शायद, कुछ और भी बढ़िया खाने लायक चीज दिख जाये।' ट्रेन चल दी थी। लगभग बीस मिनट बाद अगला स्टेशन आ गया। ट्रेन रुकते ही वह युवक नीचे उतरा। इस बार वो लगभग ढाई सौ ग्राम मूँगफली लेकर हाज़िर हुआ।

'यहाँ भुट्टा नहीं मिला। लेकिन ये मूँगफली मिली है। साथ ये चटनी भी। उस मूँगफली वाले के यहां ख़ासी भीड़ थी। पूछने पर वहाँ खड़े लोगों ने बताया कि सारा कमाल उसकी चटनी का ही है। सो मैं भी लेता आया। अब तुम मूँगफली संग यही खाओ और बताओ इस चटनी का स्वाद कैसा है?' उस युवक ने विवाहिता की गोद में मूँगफली का ठोंगा रखते, मुस्कियाते हुए कहा। विवाहिता ने भी बिना किसी ना-नुकुर के मूँगफलियाँ अपने बगल में रखते, उसमें से एक मुट्ठी बगल बैठे अपने भाई को देते, जब अगली मुट्ठी अपने पति को ... 'थोड़ा सा आप भी लीजिये'... कहते देना चाहा तो ... 'मुझे अभी भूख नहीं लगी है। तुम्हीं खाओ।' कहते हुए उसके पति ने मूँगफली लेने से मना कर दिया।

बहरहाल, नवविवाहिता को ज़ोरों की भूख लगी थी। उसने पति को मूँगफली

खाने के लिए ज़ोर न देते, चटनी संग मूँगफलियाँ टूंगने में व्यस्त हो गयी। अब उसके पति ने सिर से टोपी उतारते, अजीबोगरीब तरीके अपना सिर खुजाया, फिर टोपी पहन ली। पता नहीं साथ बैठे अन्य यात्रियों को उनकी ये हरकतें, उनके बीच का निश्छल प्यार दिखा या नहीं? या दिखा तो उन्होंने कैसा महसूस किया? मथुरादास इन्हीं सब उधेड़बुन में लगे हुए थे।

'भइया को मना कर दीजिए, गिर जायेगा।' नवविवाहिता का भाई, जिसने एक-दो बार गेट पर लगे पाइप के सहारे, बोगी से बाहर झाँकते, हवाखोरी करना चाहा था, तो उसने अपने पति से उसे ऐसी हरकतें करने से रोकने वास्ते कहा। साफ़ लग रहा था विवाहिता को एक तरफ़ अपने पति के भूख की चिंता थी, तो दूसरी ओर अपने भाई की सुरक्षा की भी चिंता थी।

इतनी देर की यात्रा के दौरान मथुरादास को अपने अगल-बगल बैठे यात्रियों की देहभाषा से इतना तो अंदाज़ा हो गया था कि उनकी ही तरह वहाँ बैठे अन्य यात्रियों की भी नज़र उस नवदंपती की बातचीत, उनके क्रिया-कलाप, हाव-भाव पर भी थी। शायद ... इसका अहसास उस नवविवाहिता को भी था। तभी तो उस दौरान वहाँ मौजूद मर्दुम-शनास नज़रों को बख़ूबी पढ़ते, मूँगफली खाने की कवायद में नवविवाहिता का घूँघट एक इंच भी टस-से-मस नहीं हुआ। कमाल ये भी कि अगस्त महीने की उमस भरी गर्मी में भी पूरे समय बिना अपना घूँघट हटाये, वो बड़ी ही कुशलता से मूँगफलियाँ खाती रही।

अगले स्टेशन पर ट्रेन में चढ़ने वाले यात्रियों की भीड़ कुछ ज़्यादा ही थी। भीड़ का एक रेला-सा डिब्बे के अंदर आया। 'हत्त् तेरे की, धत्त् तेरे की ... अभी देखता हूँ तुझको।' कहते–सुनते, गुत्थम-गुत्था हुए यात्रियों में बैठने वास्ते, सीट छेंकने की होड़ सी मच गयी। किसी को कुहनी लगी, तो किसी का पैर दब गया। किसी का चश्मा टूटने से बचा, तो किसी ने थोड़ी-बहुत फब्तियों, गाली-गलौज से ही काम चलाया। पर तभी डिब्बे में दो पुलिस वालों को करीब आता देख, हंगामा एकदम से शांत हो गया, और देखते-देखते भीड़ के बीच ही उन दो पुलिस वालों को सीट पर बैठने की जगह भी मिल गयी। 'ये लो ठंडे पानी की बोतल।' एक बुज़ुर्ग यात्री ने प्लैटफॉर्म पर खड़े-

खड़े ही खिड़की के समीप बैठी अधेड़ सी महिला को पानी की बोतल थमाते हुए कहा।

'यात्रा में किसी अजनबी से खाने-पीने की चीजें नहीं लेते।' सामने बैठे एक बुज़ुर्गवार ने उस महिला को समझाना चाहा।

'ई हमार हंसबण्ड (हसबैण्ड) हैं।' उस महिला के कहने के अंदाज़ से डिब्बे में बैठे बाकी यात्री खिलखिलाकर हँस पड़े।

अब ट्रेन लखनऊ जंक्शन पर खड़ी थी।

'ऐ जी!' मथुरादास सपरिवार ट्रेन से उतर कर धीरे-धीरे प्लैटफॉर्म पर चलते, स्टेशन के बाहरी गेट की ओर बढ़ ही रहे थे कि उनकी पत्नी ने मथुरादास का ध्यान भंग किया।

'हाँ, जी।' उन्होंने पत्नी की तरफ़ उत्सुकता भरी निगाह डाली।

'जरा उधर देखिये!' उनकी पत्नी ने एक तरफ़ इशारा किया।

'किधर?'

'उधर, उस गुमटी के पास खड़ी दुलहिन को देखिये।'

ट्रेन वाली नवविवाहित जोड़ी उन्हें फिर से दिख गयी। पर, इस समय नवविवाहिता ने अपना घूँघट हटा रखा था। मथुरादास उसे एकटक देखते ही रह गये। एकबारगी तो उन्हें अपनी नज़रों पर यकीन ही नहीं हुआ।

'बिहैव योर सेल्फ पापा! आगे देखिये! नहीं तो प्लैटफॉर्म पर अभी किसी से भिड़ जायेंगे?' बिटिया ने उन्हें फौरन ही झिंझोड़ा था। मथुरादास अपने बहुचित्तेपन से फौरन ही वापस आये। एक पल के लिए उनका मन गहरे क्षोभ और ग्लानि भाव से भर उठा। खैर ... इंसान तो है ही गलतियों का पुलिंदा। देश-काल-स्थिति-परिस्थितियोंवश, अच्छे-बुरे ख़याल भी तो एक तरह से उसके मन की ही उपज हैं।

'यात्रीगण कृपया ध्यान दें ...' इस उद्घोषणा पर मथुरादास की तंद्रा भंग हुई। देखा जाये तो ... जीवन रूपी इस सफ़र में हम सब यात्री ही तो हैं, जो मिलते-बिछुड़ते-रूकते-चलते, कुछ पल सोचते, ढेरों खट्टे-मीठे अनुभवों से दो-चार होते, आगे बढ़ते ही रहते हैं। मथुरादास इसी उधेड़बुन में और उस नवविवाहिता के बारे में सोचते प्लैटफॉर्म पर चलते चले जा रहे थे।

उन्होंने अभी-अभी एक ऐसा जोड़ा देखा था, जिनका प्यार अगर सागर से गहरा

था, तो आसमान से ऊँचा भी था, जो सुंदरता नहीं बल्कि भावना और आपसी विश्वास पर टिका था। रंग और रूप से परे सच्चा भावनात्मक प्रेम उन्हें उस जोड़े में दिखा था। यात्रा के दौरान नवविवाहित जोड़े द्वारा रास्ते-भर एक-दूसरे के भूख-प्यास का ख़याल रखने, कानपुर स्टेशन पर चलते समय उनके घर वालों, रिश्तेदारों की हिदायतों को याद करते, उस दंपती के प्रति उनका मन-मस्तिष्क अनायास ही सम्मान से भर उठा। उनके ज़ेहन में बहुत कुछ धुलने और घुलने भी लगा था।

कानपुर से चलते समय, बिटिया के इंजीनियरिंग कॉलेज में एडमिशन संबंधी काउंसलिंग आदि को लेकर जो कुछ भी दिन-भर का खट्टा-मीठा अनुभव रहा था, यात्रा के दौरान उस दंपती की बातचीत उनके क्रिया-कलाप, उनके हाव-भाव, और उस नवविवाहिता को अभी-अभी देख, वो सब कुछ भूल बैठे थे।

गाहे-बगाहे सुनी-पढ़ी एसिड अटैक सर्वाइवर्स से जुड़ी ढेरों घटनाएँ, मुद्दे, अमानवीय त्रासदी, उनका संघर्ष, उनके दर्द की भयावहता मानो किसी चलचित्र की भाँति मथुरादास की आँखों के सामने घूम गये। उस दंपती का निर्णय, चुनौतीपूर्ण जीवन, उनका ये कदम जो निश्चय ही सकारात्मक संदेश देने वाला था, एक मिसाल बन सके। उनके जीवन की गाड़ी अपनी पटरी पर निरंतर चलती रहे। उनके जीवन में सुख-समृद्धि बनी रहे। उन्हें मन-ही-मन दुआ देते, वे पत्नी, बिटिया संग स्टेशन से बाहर आ गये।

परिचय

जसिंता केरकेट्टा

झारखंड में जन्म। रांची विवि से स्नातक। काव्य-संग्रह *अंगोर* और *जड़ों की ज़मीन* प्रकाशित। एशिया इंडिजिनस पीपुल्स पैक्ट द्वारा वॉयस ऑफ एशिया के रिकॉग्निशन अवार्ड तथा कई अन्य पुरस्कारों से सम्मानित। हार्वर्ड यूनिवर्सिटी में अपने अनुभव साझा करने के लिए आमंत्रित।

कमलेश

बिहार के बक्सर में जन्म। दर्शनशास्त्र में स्नातकोत्तर। पढ़ाई के दौरान छात्र और किसान आंदोलनों से जुड़ाव। कई नुक्कड़ नाटकों का लेखन, निर्देशन और उनमें अभिनय। एक कहानी संग्रह *दक्खिन टोला* प्रकाशित। हिन्दुस्तान, रांची में समाचार संपादक।

वन्दना शुक्ल

एमए, हिंदी साहित्य / शास्त्रीय संगीत। बीएड, फूड एंड न्यूट्रीशन में डिप्लोमा। पाँच कहानी संग्रह तथा दो उपन्यास प्रकाशित। तीन कविताएँ क्रोएशिया विवि (यूरोप) में इंडोलोजी के पाठ्यक्रम में शामिल। कुछ पुरस्कार, कुछ कहानियों के अनुवाद।

नीरज नीर

रांची, झारखंड में जन्म। रांची विवि से अर्थशास्त्र में स्नातक। दो कविता संग्रह

जंगल में पागल हाथी और ढोल तथा *पीठ पर रोशनी* और एक कहानी संग्रह *ढुकनी एवं अन्य कहानियाँ* प्रकाशित। जयशंकर प्रसाद स्मृति सम्मान और सृजनलोक कविता सम्मान।

वैभव सिंह

उन्नाव, उत्तर प्रदेश में जन्म। पीएचडी तक की शिक्षा जेएनयू, नयी दिल्ली से। *इतिहास और राष्ट्रवाद*, *भारतीय उपन्यास और आधुनिकता* तथा अन्य कई पुस्तकें प्रकाशित। कुछ पुस्तकों का संपादन भी। आंबेडकर विश्वविद्यालय, दिल्ली में अध्यापक।

हरि मृदुल

उत्तराखंड के चंपावत ज़िले में जन्म। शिक्षा – एम.ए.। तीन कविता संग्रह प्रकाशित। कुछ कहानियाँ भी प्रकाशित और चर्चित। हेमंत स्मृति कविता सम्मान, संत नामदेव पुरस्कार और प्रियदर्शिनी पुरस्कार। नवभारत टाइम्स, मुंबई में सहायक संपादक।

यूसुफ किरमानी

फ़ैज़ाबाद, उत्तर प्रदेश में जन्म। मूलतः पत्रकार। टाइम्स स्कूल ऑफ़ जर्नलिज़्म (टीएसजे) से पत्रकारिता की पढ़ाई। अनेक अख़बारों में ब्यूरो प्रमुख और सहायक समाचार संपादक के पदों पर कार्य। कई पुस्तकों का संपादन। दिल्ली में निवास।

आलोक कुमार मिश्रा

उत्तर प्रदेश के सिद्धार्थ नगर के एक ग़रीब किसान परिवार में जन्म। दिल्ली विश्वविद्यालय से एमए (राजनीति विज्ञान), एमएड, एमफिल (शिक्षाशास्त्र)। एक कविता संग्रह प्रकाशित। एससीईआरटी, दिल्ली में असिस्टेंट प्रोफेसर।

विजय कुमार तिवारी

बलिया, उत्तर प्रदेश में जन्म। एक कविता संग्रह, एक कहानी संग्रह और लेखों का एक संकलन ई-बुक के रूप में प्रकाशित। आकाशवाणी से विभिन्न रचनाओं का प्रसारण। फिलहाल भुवनेश्वर में रहते हुए स्वतंत्र लेखन।

डॉ. आयशा आरफ़ीन

जेएनयू से समाजशास्त्र में पीएचडी। विभिन्न पत्र-पत्रिकाओं में अनेक कहानियाँ प्रकाशित। मुरादाबाद में निवास।

राम नगीना मौर्य

कुशीनगर, उत्तर प्रदेश में जन्म। अर्थशास्त्र में परा स्नातक। पाँच कहानी संग्रह प्रकाशित। यशपाल पुरस्कार और प्रेमचंद अवार्ड समेत अनेक पुरस्कारों से सम्मानित। उत्तर प्रदेश सचिवालय, लखनऊ में विशेष सचिव के रूप में कार्यरत।

संजय कुंदन

दो कहानी संग्रह, चार कविता संग्रह, दो उपन्यास और अंग्रेजी से चार पुस्तकों का अनुवाद प्रकाशित। भारतभूषण अग्रवाल पुरस्कार, हेमंत स्मृति पुरस्कार, विद्यापति पुरस्कार और बनारसी प्रसाद भोजपुरी पुरस्कार से सम्मानित। वाम प्रकाशन में संपादक।